教育部人文社会科学青年课题
"技术适应背景下教师学习的过程机制研究"
（课题批准号:20YJC880116）
成果之一

中小学教师价值取向的
历史变迁与时代展望

于翠翠 著

中国社会科学出版社

图书在版编目（CIP）数据

中小学教师价值取向的历史变迁与时代展望／于翠翠著 . —北京：中国社会科学出版社，2022.3
ISBN 978 - 7 - 5203 - 9530 - 4

Ⅰ.①中… Ⅱ.①于… Ⅲ.①中小学—教师—价值取向—研究—中国 Ⅳ.①G635.1

中国版本图书馆 CIP 数据核字（2022）第 012027 号

出 版 人	赵剑英
责任编辑	安　芳
责任校对	张爱华
责任印制	李寡寡

出　　版	中国社会科学出版社
社　　址	北京鼓楼西大街甲 158 号
邮　　编	100720
网　　址	http://www.csspw.cn
发 行 部	010 - 84083685
门 市 部	010 - 84029450
经　　销	新华书店及其他书店
印　　刷	北京明恒达印务有限公司
装　　订	廊坊市广阳区广增装订厂
版　　次	2022 年 3 月第 1 版
印　　次	2022 年 3 月第 1 次印刷
开　　本	710×1000　1/16
印　　张	13.75
插　　页	2
字　　数	205 千字
定　　价	79.00 元

凡购买中国社会科学出版社图书，如有质量问题请与本社营销中心联系调换
电话：010 - 84083683
版权所有　侵权必究

目 录

绪论 ·· (1)
  一 选题缘由与意义 ·· (1)
    (一) 选题缘由 ·· (1)
    (二) 选题意义 ·· (2)
  二 研究综述 ·· (6)
    (一) 价值取向及其一般问题研究 ························ (6)
    (二) 教师价值取向的相关研究 ·························· (13)
    (三) 对教师价值取向相关研究的评价与反思 ········ (22)
  三 研究思路与方法 ·· (25)

第一章 教师价值取向的性质与特点 ···················· (31)
  一 价值取向释义 ·· (31)
    (一) 价值取向的内涵 ····································· (31)
    (二) 价值取向的层次与类型 ···························· (32)
    (三) 价值取向的形成基础与关系向度 ················ (33)
  二 教师价值取向的特点与影响 ····························· (37)
    (一) 教师价值取向的特点 ······························· (37)
    (二) 教师价值取向的影响 ······························· (39)
  三 教师价值取向的分析维度 ································ (41)
    (一) 教师价值取向的研究维度 ························· (41)
    (二) 教师价值取向的结构分析 ························· (45)

第二章　中华人民共和国成立初期教师价值取向的国家本位……（48）
一　新旧交替中的人民教师……（48）
（一）教师职业的社会定位……（48）
（二）人民教师的历史特点与思想改造……（50）
二　人民教师的奉献取向……（55）
（一）感恩与满足……（56）
（二）人民教师为人民……（61）
（三）理想主义的人格特征……（66）
三　人民教师的思想形塑……（67）

第三章　改革开放初期教师价值取向的知识维度……（71）
一　现代化进程中人民教师的成长环境……（71）
（一）改革开放之初的思想解放……（71）
（二）政治调整时期的教育政策变动……（74）
（三）教师队伍建设工作的恢复与发展……（77）
二　知识型教师的工具取向……（80）
（一）希望的田野……（81）
（二）照亮求知路的红烛……（82）
（三）既成人也为己……（93）
三　教师职业的红色传统……（96）
（一）红烛精神的代际传承……（96）
（二）身份的力量……（97）

第四章　社会转型时期教师价值取向的个人维度……（101）
一　市场经济背景下的生活与教育……（101）
（一）市场经济与日常生活……（101）
（二）教育事业的定位与发展……（108）
二　教师的谋生取向……（112）
（一）教师忧道亦忧贫……（112）
（二）世俗化的价值追求……（117）

（三）橡皮化的人格特征 …………………………………… (126)
　三　由教师流失现象引发的精神困惑 ……………………………… (129)

第五章　信息社会教师价值取向的技能维度 ……………………… (133)
　一　数字经济时代的变革与挑战 …………………………………… (133)
　　（一）数字化的生存方式 ……………………………………… (133)
　　（二）教育的信息化建设 ……………………………………… (135)
　　（三）教师专业发展的信息化 ………………………………… (137)
　二　技术型教师的有用崇拜 ………………………………………… (140)
　　（一）宽容却寂寥的社会心态 ………………………………… (141)
　　（二）崇高而务实的价值追求 ………………………………… (145)
　　（三）限定性质的专业精神 …………………………………… (149)
　　（四）主动适应的人格特点 …………………………………… (152)
　三　教师实用化取向的现实归因 …………………………………… (157)
　　（一）实用理性的传统与现实 ………………………………… (157)
　　（二）管理制度的功利导向 …………………………………… (158)
　　（三）教师专业发展的平面化倾向 …………………………… (159)

第六章　智能时代教师的技术适应与促进主张 …………………… (165)
　一　引言：智能技术时代教师的"远虑"和"近忧" ……………… (165)
　二　教师技术适应及其发展旨向 …………………………………… (166)
　　（一）技术适应与人的发展 …………………………………… (166)
　　（二）教师技术适应的时代意蕴 ……………………………… (168)
　三　教师技术适应的现实逻辑 ……………………………………… (171)
　　（一）教师信息技术应用的理想与现实 ……………………… (171)
　　（二）教师技术适应的局限与张力 …………………………… (172)
　四　教师技术适应的促进主张 ……………………………………… (175)

第七章　社会变迁中的教师价值取向 ……………………………… (180)
　一　教师价值取向的历史流变 ……………………………………… (180)

（一）教师价值取向的代际归属 …………………………（180）
　　（二）教师价值取向历史变迁的特点 ……………………（182）
　　（三）教师价值取向与社会变迁的内在关系 ……………（182）
　二　教师价值取向变迁的启示与思考 ………………………（185）
　　（一）教师队伍的整体发展离不开稳健的社会环境 ……（185）
　　（二）教师队伍的价值观建设要遵循自身的发展规律 …（185）
　　（三）培育教师积极的价值取向需要以几对合理关系
　　　　　为依托 …………………………………………（187）
　三　教师价值取向的现实关照 ………………………………（189）
　　（一）价值多元与教师职业核心价值的建构 ……………（190）
　　（二）价值冲突与教师价值取向支持系统的培植 ………（193）
　　（三）价值危机与教师价值坚守 …………………………（194）

结束语　经由教师改进社会 ………………………………（197）

参考文献 …………………………………………………………（199）

附录一 …………………………………………………………（210）

附录二 …………………………………………………………（213）

绪　　论

一　选题缘由与意义

（一）选题缘由

在漫长的现代化历程中，国人内心的痛苦和彷徨是一种普遍的症候，但不同阶层与群体之间的具体样态又存在一定的差异性。教师是一个特殊的职业群体，有着比其他群体更加明显的价值冲突，较具代表性。出于对教师角色社会期望的回应，他们还固守着传统顺从、温良的文化性格，并在其中寻求一种自豪和优越感，这种外在的身份感又不断地确证着他们的自我价值。与此同时，受制于教师角色的专业需要，他们又不得不顺应时代变迁而做出价值观念上的调整，以完成培养人的责任和使命。保守与开放的对峙，让教师这一社会群体的价值观念冲突异常激烈。尤其是近些年来，随着社会与教育改革的深入，如何发挥教师这一职业群体在社会转型中的引领作用，已经成为各个领域的关注重点。为了提高教师的胜任力，我们对教师专业化的呼声越来越高，对教师素养的基本要求也越来越全面，从知能、情感到行为都被面面俱到地纳入制度规约的范畴。但效果却不尽如人意。虽然教师在知识结构、技能方法和物质条件等方面不断改善，但教师整体的社会责任感与综合素养并没有显著提升。这让我们逐渐意识到唯有教师思想观念的转变才能使教学改革取得实质性突破。但任何思想观念的形成与发展都必然要依托于相应的社会结构和心理基础，完全脱离社会现实的价值观念注定是不存在的。甚至可以说，从根本上影响教师思想观念的并不是那些具有限定性质的规范性要求，如知能水平、资格标准等，而是教师身处其中的整个社会文化背景及其内在的价值观念。这也可以解释为什么在我们的社会现实中理想与现实之间的冲突依旧随处可见，倡导的与践行的之间总是存在着较大的落差。因为在应该怎样做和实际做了什么以及最后产生怎样的结果之间并不是简单的线性对应关系，这中间还内隐着某些中介性的影响因素，干预着观念与行为的转化。健全的社会秩序、教育制度固然是教学价值观念更新的前提，如若缺少了参与主体性格结构、心理态度、价值取向等与之相匹配的心理中介，也断然不可能产生预期的教学行为。遗憾的是，这些年来虽然我们一再强调教师观念转变的重要性，却没有注意到观念背后的生活底蕴和心理基础，把教师的教学生活作为与日常生活割裂开来的研究单元来对待，对教师的价值取向、态度、性格等这些非理性因素的研究明显滞后于知识、技能、方法等认知方面。既忘记了教师工作之外的日常生活，也漠视了教师可观察行为背后的心理状态，总是把教师圈在校园的围墙之内，框限在专业的视角下剖析，这种研究的局限使教师的发展问题一直没有得到很好解决。因而，我们有必要把教师作为一个完整的社会人来看待，深入挖掘影响教师价值取向和行为方式的社会心理层面的原因。把教师放在个体与自我、个体与他人、个体与社会的关系中来理解，任何教师首先都是社会中的一员，是生活中的个体，其次才是学校中的职业人或专业人。对教师群体行为背后的价值取向及社会因素的关注，是对教师的深层次关照，更是对教师的全方位理解。

（二）选题意义

教师的价值取向研究遵循的是教师社会学和社会心理学的分析框架，将教师研究放在整个社会系统中，揭示教师群体观念与行为背后的社会结构和心理特征。借此，可以帮助我们更好地理解教师，帮助教师更好地认识自己，力图使教师达致生活与工作、智力与人格的统一。

1. 拓展教师研究领域，增强教师教育的针对性

对教师价值取向的研究是一种面向教育实践的努力，在沟通教育理论与教育实践的过程中，增强教育理论指导的有效性。必须承认，

处理好宏观研究与微观研究的关系问题是教育理论向教育实践转化的关键所在。但已有对教师的研究大多处于宏观与微观两端，缺少中观层面上的梳理与把握。对于教师教育实践而言，哲学演绎式的反思批判显得过于空泛，抽象理论具体化还要经历诸多环节的转化，而心理测量式的统计分析又缺乏必要的联系和概括。要么无视特殊性，将宏观层面的问题直接延伸下来；要么沉溺于琐碎，造成系统性、规律性的缺失。这两种研究方式普遍存在将其他学科的研究结论简单外推的倾向，习惯把僵化的标准和要求移植到教师身上，忽视了教师作为一个独立的中层研究对象的特殊性。

普遍的理论是必要的，但只有特殊的理论才会具体而彻底，马克思曾指出，只有彻底的理论才能说服人。[①] 所谓理论的彻底性无外乎是指抓住了事物的根本，进而有效地指导实践，增强思想与行动之间的协调性。随着教育改革的不断深化，我们亟须构建一个以教师群体自身为对象的研究框架，从教师内心的价值取向出发，持续而系统的关注独属于教师群体的理论与实践问题，整体地反映教师的生存状态与社会、教育发展各个方面的关系，为教师的实践成长和精神生活建构提供全景的关照。教师的价值取向研究正是这样一种开拓，不仅试图在宏观与微观的际会地带搭起沟通的桥梁，超越已有的问题和矛盾，更新研究范畴，聚焦教师研究的问题域；更重要的是，它还可能发展成一种新的研究方向，为上下的沟通寻找相互转化与统一的机制，以提高教育理论指导教育实践的针对性和有效性。教师价值取向是教师群体在社会生活中较为一致的行为模式，是教师在生活和教育中潜在的行动纲领，教师所有的观念、思想和情感最终要通过价值取向这一载体以外显的方式表现出来。决定观念与行为相互转化的根本在于教师的价值取向，研究教师的价值取向，可以让我们更加彻底地理解教育现实中教师观念与行为冲突的内在机理，抓住走出教师教育理论与实践相背离的核心问题。

2. 明晰教师的社会责任，匡正教师的价值取向

教师的价值取向研究把教师作为一个完整的社会人来看待，把教师

---

① 中共中央编译局：《马克思恩格斯选集》（第一卷），人民出版社1995年版，第9页。

放在个体与自我、个体与他人、个体与社会的关系中来理解,深入挖掘影响教师价值取向和行为方式的社会心理层面的原因,反对把教师只当作一个孤立的个体来看待。遗憾的是,迄今很少有人真正认识到教师(或者任何人)从来都不是处在仅仅从事教育职业的位置上,在从事一种职业的同时,就是从事一件具有社会意义或社会功能的活动。①

对教师群体心理及社会因素的关注,是对教师本身的深层次关照,更是对教师生活的全方位理解。在历时态的研究中,我们更多的是在教育场域或单纯的职业立场来探讨教师问题,遮蔽了教师生活的时代性与整全性。中国历史长期占主导地位的儒家文化所塑造的教师群体,在价值观念上以伦理纲常、道德教化、人格操守等内倾取向为主,他们普遍的性格特质是庄重严肃、牺牲奉献、谨慎小心,与现代社会结构与特征极不相称。新时代的教育充满了生机和活力,要求教师自身摆脱封闭的保守观念,主动将生活的品质与活力融入教育,养成具有积极主动、善于交往、勇于创新的性格特质②,使教育走进时代与生活。在共时态的关照中,我们又对教师行为背后的社会与心理因素分析不够,造成对教师行为的表浅性理解,忽视了整体社会文化状况对教师的渗透作用。在"学校的现实中,人们对教师行为表现的道德修养意义评价较多,往往忽视了教师个体的身体特征,无视于行为状态的原有基础。有些管理者甚至将一些气质和性格表现判为思想、道德或修养的问题。这样,在教师管理和培养上,既缺乏心理学依据,也使一些调节和工作方式无效"③。

3. 增进教师的自我认同,提升教师的综合素养

健全的价值取向不仅可以内在强化教师群体的认同感,使教师群体的综合素养得以迅速提升,而且能够间接而有力地推进教育改革。教师价值取向作为一种动力因素是联结社会结构和意识形态的重要中介之一。可以将外在的权威内化为自身的责任,帮助教师走向自我实

---

① [美]哈利斯:《教师与阶级:马克思主义分析》,唐宗清译,桂冠图书股份有限公司1994年版,第36页。
② 傅道春:《教师技术行为》,黑龙江教育出版社1996年版,第55页。
③ 傅道春:《教师技术行为》,黑龙江教育出版社1996年版,第55页。

现。当前，我们教育学界相对忽视非理性因素分析在揭示社会现象方面的重要作用，在教师专业发展的过程中，一味关注认知和理性方面的改进，对非理性因素（如价值取向、性格、信念、意识等）少有深入研究。广大的教师教育研究者，甚至包括教师自己在很大程度上把教师行为看作封闭的个体行为，把教学视为一种纯粹的认知行为，造成教师智力与人格发展的割裂。

教师教育和培训如果不能从价值取向、价值认同等心理层面实现对教师的改造，而只考虑从认知和制度上进行技术性的培训和规约，恐怕很难从深层触及教师的灵魂。这也可以有力地解释，为什么我们的教师教育总是存在着投入与产出不成比例的尴尬。随着社会发展和教育需求的变化，我们对教师不可谓不重视，对教师教育的关注不可谓不深切，但反观这些针对教师群体的具体方略，我们重视与关注的侧重点又放在哪里？是把教师当作一个完整的社会人，还是一个单向度的职业人；是真正地把教师理解为是一个全面发展的生命存在，还是无意识地把教师置于道德抑或专业的聚光灯下？各种规范与期望持续的、普遍的错置，导致教师群体日益失去心灵的力量，当我们忽略情感因素在教师认知与道德中的基础性作用时，教师就会因心理认同的缺失而陷入道德的两难，长此以往这种沉重与负累不免会让教师在内心沉淀出消极情绪和无力感，直接影响综合素养的提升。于是他们开始对社会责任不再尽心，对平庸之恶也失去了警觉，古人有云"积行成习，积习成性"，揭示的就是这个朴素的道理。

教师在教育活动中之所以采取这种行为方式，而不是采取另外一种行为方式，确实是根源于其教育观念。[①] 再进一步讲，在教师的观念与行为之间还存在一种社会结构与心理因素的转化中介，在联结观念与行为的同时也发挥着自在的能动作用，决定了行为的最终呈现方式。无论是反思还是改造，都要基于认识的前提，否则只会陷于盲目。所以说关于教师价值取向的研究可以让我们更好地理解与认识教师，其现实意义在于内外两个维度：之于他者，可以增进对教师的理解；之

---

① 徐继存：《论教学观念的改造》，《西北师大学报》（社会科学版）2002年第2期。

于教师自己，可以促进他们更加深刻的"认识你自己"。在认识中理解，在反思中自识，唯有凭借两个方面的共同努力，教师才会形成健全的价值取向，进而在真正意义上走向自我认同，完成自我实现。

二 研究综述

本书的选题，具有跨学科的特点。鉴于价值取向概念的广义性、教师群体的特殊性和社会转型历程的复杂性，研究必须根植于人文、社会学科的研究基础之上来把握社会转型时期的教师价值取向。从已有的文献资料来看，若想对立论有一个整体的预期，那么厘清以下几个方面的研究显得很有必要。

（一）价值取向及其一般问题研究

价值取向是价值观的一个重要组成部分，以至于在很多日常语用习惯中，人们往往把价值取向与价值观念等同起来，基本不做过多的区分。尤其是在应用研究中，如分类、比较研究时，价值观念与价值取向之间是很难划分清楚的，很多学者在潜意识中已经把两者画上等号。但如果严格地讲，价值观念与价值取向还是有很大差别的，人类学上价值只包含感情这个因素，没有包括认知，更没有方向的因素在内。[①]

1. 价值取向的界定

首先，价值的内涵。根据已有的价值定义，可以将价值的定义整理为以下三种：主体说、客体说以及关系说。主体说是以主体的主观感受为标准来判定某一事物价值；客体说认为事物本身所具有的内在价值是恒定不变的；关系说则认为事物价值的有与无，多与少既不是主观的，也不是客观的，而是受事物属性和主体需要的双向影响和制约。关系说其实是主、客说的一种调和，具有二重性。"关系说"实际上就是把价值视为是客体与主体之间的一种特殊关系。由于价值来源

[①] 李亦园、杨国枢：《中国人的性格》，中国人民大学出版社2012年版，第276页。

绪　论

于客体，取决于主体，产生于实践，所以它不是纯粹地指客体的属性，也不只是包括主体的需要，而是主体需要和客体属性之间的现实关系，关键的评价标准在于客体的属性在多大程度上能够满足主体的需要。价值研究一直是哲学、伦理学、心理学等社会科学的研究重点，而在教育学中，虽然也受到重视，但尚未得到恰当地深化。

其次，价值观的定义。价值观（杨宜音，1998）是多种人文、社会学科关注的一个问题，哲学、经济学、伦理学、教育学、人类学、社会学、社会心理学等学科都在这一领域进行过不同角度的探索（李德顺，1996）。其中，哲学关注价值观所反映的主体和客体之间的关系；伦理学关注价值观对人的行为的规范性；人类学关注价值观表达的文化特征；教育学关注影响价值观形成和改变的个体社会化过程及其教育干预；经济学关注人类经济行为的深层心理原因和类型；社会学关注社会结构及社会变迁对价值观的影响；社会心理学则关注价值观的心理结构、过程、功能及其测量。这些研究相互补充和拓展，使价值观的研究不断深入。从一般意义上讲，价值观就是人们关于价值的基本观念，或者说是人们的基本价值取向[①]，人的价值应该是主体的需要与对社会贡献的统一。

另外，国外也有很多学者从不同角度对价值观作出了自己的理解。克拉克洪（Kluckhohn，1951）把价值观界定为一种外显或内隐的，有关什么是"值得（去追求）的"的看法，它是个人或群体的特征，它影响人们可能会选择什么行为方式、手段和结果来过日子。罗克奇（Rokeach，1973）则认为价值观是指一般的信念，它具有动机功能，不仅是评价性的，还是规范性的和禁止性的；是行动和态度的指导，是个人的，也是社会的现象，具有超情境性。施瓦茨（Schwartz，1998）认为价值观是合乎需要的超越情境的目标，在个人生活或其他社会存在中起着指导原则的作用。

再次，价值与价值观。"价值"与"价值观"之间，也有着明显的单数与复数组合的差别。克拉克洪（1961）在《价值取向中的变量》提

---

① 宋惠昌：《人的发现与人的解放——近代中国价值观的嬗变》，四川人民出版社2008年版，第1—2页。

道:"价值观是价值之间的组合模式,此种具有组织性与差序性的评价原则,系由评价历程之认知、情绪、意向三种不同元素长期交互作用所形成的,并可使社会群体确定其解决生存问题或人生问题的想法和行动"。台湾学者杨国枢在《中国人的价值观》(1988)中谈道:"价值是人们对于特定行为、事物、状态的一种持久性偏好,此偏好兼具认知、情感及意向三类成分之信念。价值范围较广,是指一类或一组态度所含有的共同核心成分,此成分涉及好坏的判断,能主导有关人、事物或目标的选择行为。而数项价值可以组成一套相互关联的关系价值体系,价值体系中最高层次是价值取向,价值取向与价值体系可统称为价值观。"由此可见,价值观是价值之间具有组织次序的排列组合体系。

最后,价值取向。对价值取向的理解是基于价值与价值观的认识,相对而言较为统一,取向这个词本身就带有一定的方向性,因而价值取向就是人们在一定场合以一定方式采取一定行动的行为倾向[①],是人们对特定事物所采取的价值观。它是和具体事物、情境相关联的,是人们依据一定的现实需求所进行的价值选择(金盛华,1995)。具体来说,它是指一定主体基于自己的价值观在面对或处理各种矛盾、冲突、关系时所持的基本价值立场、价值态度以及所表现出来的基本价值倾向(张红,2008)。价值取向与价值观常常是两个相互混淆的概念,尤其是在应用的过程中,通过价值观与价值取向的对比分析认为,价值观强调的是认知层面,注重人们作出价值判断的视角,具有系统性和静态性等特点。而价值取向则更强调方向,与具体层面的选择、追求等相关联,是价值观的体现。很多研究情境中,价值观可以和价值取向互换,不过价值取向的说法更强调了主体与客体的关联性和主体对客体的选择(刘济良,2003)。

除了对价值取向的理解和辨析,价值取向理论及其分类研究也很常见:

(1)斯普兰格从价值内涵和功能的角度划分出六个维度。从心理学的角度看,最早对价值观进行研究的是德国人格心理学家斯普兰格

---

① 唐日新等:《价值取向与价值导向》,中南工业大学出版社1996年版,第5页。

(E. Spranger, 1928) 20 世纪 20 年代早期的著作《人的类型》(*Type of Men*),斯普兰格从人的价值取向的内涵与功能的角度把人分为理论型、经济型、审美型、社会型、政治型、宗教型六类。

表1　　　　　　　　　斯普兰格的价值取向分类表

价值取向类型	内涵与功能
经济取向	务实,对有用的东西感兴趣,追求财富、名利和成效。
理论取向	求真,以发现真理为主要追求。
审美取向	尚美,以美的原则评价事物,艺术、和谐、想象。
社会取向	爱人,无我,仁慈而具同情心,奉献精神。
宗教取向	崇圣,信神或寻求天人合一,虔诚,庄严,理想,崇拜。
政治取向	重权,关注地位和影响力,包括权威,支配力和声望。

(2) 罗克奇的工具性、终极性价值观理论。罗克奇的价值观调查表(M. Rokeach, 1973):由36项价值观信念构成的,分别测量这两种类型的价值取向(两类各18项)。

表2　　　　　　　　　罗克奇的价值取向分类表

价值取向的类型	表现
终极性价值观 (terminal values)	欲达到的最终存在状态或目标,如和平的世界、舒适的生活等。
工具性价值观 (instrumental values)	为达成上述目标所采用的行为方式或手段,如负责任和自我控制等。

(3) 莫里斯的生活方式理论。美国著名的逻辑学家、哲学家莫里斯(Morris, 1948)在《开放的自我》中认为,"价值"一词包含实际价值(operative value)、想象价值(conceived value)、客体价值(object value)三种含义。价值取向是一种对理想生活方式目标的憧憬,价值取向不同,生活方式也会有所不同。他的生活方式问卷(ways to live questionaire, 1956)涉及不同时期人们所崇尚和遵循的十三种生活方式(想象价值,即理想价值观)。该量表不同于传统的价值观测量工

具,它的基本假设前提就是价值取向。不同的人,生活方式也不同,十三种生活方式就是十三种不同的价值取向。这种假设前提把价值观和生活方式等同,虽然比较极端,但是据此可以把抽象的东西用具体的行为阐述出来,可以完成形而上向形而下的转换。

(4) 个人—集体/社会取向理论

表3　　　　　　个人主义与集体主义的价值取向分类表

代表人物	取向类型与界定
霍夫斯塔德 (Hofstede,1980)	个人主义是指在团体、组织中情感相对独立;而集体主义的"我们感"很突出,在组织中重视成员资格,对组织有情感依赖,强调忠于本集体的那些价值观。
胡伊和 特里安迪斯 (Hui & Triandis,1986)	集体主义是有关人际间感情、理想、信仰、观念和行为间的一种综合体。
特里安迪斯 (Triandis,1989)	个人主义的核心含义是优先考虑个人目标而非小组的目标,强调服务于个人的价值观、个人爱好、与众不同、独立;集体主义的核心含义是优先考虑小组的目标而非个人的目标,强调服务于小组的价值观,为了保护小组的完整、成员的独立及和谐的关系可以把个人的目标放在次要的地位。

(5) 克拉克洪五种价值取向模式

克拉克洪与斯多特贝克(Kluckhohn & Strodtbeck,1961)基于"某一社会所热衷的解决问题的方法,其实反映的就是这个社会的价值观"的假设,提出了五个任何社会都要回应的基本问题。

表4　　　　　　克拉克洪的价值取向分类表

价值取向类型	解决问题的方式					
人性取向	人性本善		善恶兼而有之		人性本恶	
	可变的	不变的	可变的	不变的	可变的	不变的
人与自然的关系取向	控制自然		与自然和谐相处		顺应自然	
时间取向	过去		现在		未来	
活动取向	即做(doing)		存在(being)		成为	
关系取向	个人主义		等级制		附属性	

3. 价值取向的应用研究

（1）国外的价值取向应用研究

社会文化的角度。价值取向和价值观的探讨，始于文化人类学的文化与人格学派，他们以经验性的方式对原始的民族和部落文化进行观察，推测、判断其日常言行背后所隐含的价值观念及人格特质等。从20世纪60年代起，随着文化人类学研究的发展与壮大，其研究成果受到其他相关学科如社会学、心理学以及社会心理学等关注，越来越多的研究者开始留意价值观的社会意义，并将价值取向研究范围转向了现代文明社会，从文化的角度进行跨文化的比较研究。诸如许烺光对中国、美国、日本、印度等进行的文化比较研究[①]，美国社会心理学家阿列克斯·英格尔斯（A. Inkeles）开展的跨国性的人的现代化研究[②]，从国民心理状态的视角对于人的现代化予以思考，提出了"现代性人格"概念，法国学者斯托策尔（J. Stoetzel）等人实施的欧洲九个国家价值观念的研究[③]，日本学者千石保对当代日本青年价值观念，即"新人类"[④] 的研究等。也有很多学者立足自己本土社会来探索，如本尼迪克特（R. Benedict）的《菊与刀》说明文化是个人性格外射而扩大的银幕，以及不同社会文化孕育下可形成不同的价值取向（罪感取向和耻感取向）。

社会性格的角度。20世纪60年代美国社会学家大卫·理斯曼（David Riesman）又对社会性格理论做了进一步的研究，他在同事的帮助下所完成的学术著作《孤独的人群：美国人性格变动之研究》（1988）里面探讨了美国人社会性格取向的形成及其演变。理斯曼将社会性格分为传统导向型、内在导向型和他人导向型三大取向，并以此为主线对美国中产阶级的性格形成及其演变进行了深刻的阐述。他

[①] 许烺光：《美国人与中国人》，华夏出版社1989年版；许烺光：《宗族·种姓·俱乐部》，华夏出版社1990年版。

[②] ［美］阿列克斯·英克尔斯、［美］戴维·H. 史密斯：《从传统人到现代人》，顾昕译，中国人民大学出版社1992年版。

[③] ［法］让·斯托策尔：《当代欧洲人的价值观念》，陆象淦译，社会科学文献出版社1988年版。

[④] ［日］千石保：《日本的"新人类"》，何凤圆译，上海社会科学院出版社1989年版。

认为影响社会性格形成的主要因素包括家庭、学校和大众传媒等这些社会化的组织与机构，而社会性格也是一个极具表现力的概念，它最终必将通过职业、生活方式和教育过程等社会活动发挥作用。

社会现代化的角度。任何社会的现代化归根结底都是人的现代化，更确切地说是人的思想与观念的现代化。这是英格尔斯在《人的现代化》《社会主义与非社会主义国家的人的现代化》《人的现代化素质探索》等著作中所秉持的主要观点。在他看来，作为社会主体的人本身如果没有从价值取向、思维方式、行为方式等方面上实现由传统取向到现代取向的转变，那么社会的现代化是不可能顺利实现的（1985）。国家的现代化、教育的现代化，归根结底还是人的现代化，是教师和学生的现代化。

（2）国内的价值取向应用研究

国内以中国人为主体的价值取向研究主要始于国民性格的探索。20世纪初，我国的一些研究者开始从思想和哲学层面抽象地思辨中西文化之间的根本差异。但进入20世纪80年代中期特别是90年代，中国的社会学家和社会心理学家开始了这方面的实证研究，比较大型的研究有：沙莲香主持的"中国人民族性格和中国社会改革"[1]、黄希庭等开展的"我国五城市青少年学生价值观调查"[2]，中国社科院社会学研究所主持的"当代中国青年价值观演变"[3]，景怀斌主持的"中国城市人的居民文化素质研究"[4]，国家体改委定期做的"社会心理调查"[5]，中国社科院社会学研究所社会心理研究室正在进行的"转型时期社会心态研究"等。此外，台湾学者的讨论主要是伴随着20世纪80年代以来社会科学本土化的研究而逐渐深入，他们的主要研究成果分别收集在杨国枢主编的《中国人的性格》《中国人的价值

---

[1] 沙莲香：《中国国民性（二）》，中国人民大学出版社1992年版。
[2] 黄希庭等：《"我国五城市青少年学生价值观的调查"》，《心理学报》1989年第3期。
[3] 中国社会科学院社会学研究所"当代中国青年价值观演变"课题组：《中国青年大透视：关于一代人的价值观演变研究》，北京出版社1993年版。
[4] 景怀斌等：《人的文化素质与现代化》，人民出版社1995年版。
[5] 孙立：《转型期的中国社会》，改革出版社1997年版。

观——社会科学观点》①，杨中芳、高尚仁主编的《中国人·中国心》②等书中。

还有许多研究者以不同的群体或阶层作为分析对象，以大学生和青少年群体的研究最为丰富，因为大学生的价值观可以在一定程度上代表中国社会价值取向的发展趋势（许燕，1998），他们作为较高层次社会成员的重要来源，在未来社会发展中具有独特地位（刘玉新，2001）。价值取向与国民性之间有时候也是无法截然分开的，某一种价值取向同时也往往是某一种国民性格，如权威价值取向与权威性格。但在有些时候由于所代表的意义略有不同，我们就不得不从某种价值取向所导致的性格而分别加以讨论，比如从成就价值取向可以看出忍耐、顺从、保守等性格。③文崇一在《从价值取向谈中国国民性》一文中，采用帕森斯（Parsons）的分类法，即把价值取向分为认知的、评价的和道德的三类来讨论中国人的社会性格或国民性。社会心理（包括价值取向、性格特征等）是"特定时代、特定国家与民族（在阶级社会里则是特定阶级、阶层和社会集团）的普遍流行的习惯、感觉、情感、动机、理想、道德风尚和审美情趣等精神状况"④。它根植于一个民族的社会结构与历史，具有相对稳定和独立的特征，是社会中人的行为的最直接的素朴动因。⑤

（二）教师价值取向的相关研究

从教师价值取向相关研究的现有文献来看，对教育的价值取向研究要远远多于教育自身的价值取向研究。对教师的价值取向研究主要表现在教育的规范、政策与社会期望等方面的推演与影射，而教师价值取向的实证调查研究极为有限，这也为本书留下了研究空间，但既

---

① 杨国枢：《中国人的性格》，桂冠图书公司1988年版；杨国枢：《中国人的价值观》，桂冠图书公司1993年版。
② 杨中芳、高尚仁：《中国人·中国心》，远流出版事业股份有限公司1991年版。
③ 李亦园、杨国枢：《中国人的性格》，中国人民大学出版社2012年版，第62页。
④ 王秀芳：《论普列汉诺夫的社会意识两种形式学说》，《哲学研究》1984年第1期。
⑤ 陈蕴茜：《论社会心理对中国近代知识分子群体转型的影响》，《南京大学学报》（哲学·人文·社会科学）1997年第3期。

然是做历时性的研究，实证调查只能针对当下，过去的历史阶段只能通过已有的相关文献来进行。虽然直接以教育价值取向为主题的论著很少，但我们可以从不同的角度来揭示，而这些相关角度的文献自然就成为本研究需要梳理的对象。

1. 教育层面的教师价值取向研究

教育活动不能回避价值问题。[①] 由于自20世纪80年代末才开始教育价值取向的研究，所以需要分析的文献并不是很多，主要研究成果集中在以下两个方面：对教育价值取向的理论建构与现实批判。无论是建构还是批判，指向的是教育，影射的是教师。

（1）对教育价值取向的理论建构

20世纪80年代以来，伴随着价值哲学在我国的兴起，关于教育的价值取向问题已经有不少学者从不同角度进行了思考，也涌现出了一批具有代表性的成果，主要集中在概念界定（叶澜，1989；刘旭东，1992），影响因素探讨（吴黛舒，2002）；重要地位论述（檀传宝，2000；陈桂生，2003）和主导取向分析（娄立志，2001；扈中平，1989，2000，2004；廖其发，2011）等几个方面。

对教育价值取向概念及影响因素的探讨。刘旭东（1992）认为，教育价值取向是教育主体在教育活动中根据自身需求进行教育选择时所表现出来的一种价值倾向性。[②] 吴黛舒（2002）把教育价值取向视为教育价值主体不断追求教育价值结构动态平衡的过程。扈中平等（1995）认为，教育价值选择是指教育活动主体依据自身的需要对教育活动的属性、特点、功能、效果所做出的价值取向选择，它表明教育活动主体的价值态度。[③] 叶澜（1989）则从价值哲学的角度认为，价值取向是人对客观事物及自己需求和利益的认识水平的反映。[④]

部分学者也在给出教育价值取向含义的同时，探讨了影响教育价

---

① 叶澜：《重建课堂教学价值观》，《教育研究》2002年第5期。
② 刘旭东：《论教育价值取向》，《青海师范大学学报》（社会科学版）1992年第1期。
③ 扈中平、陈东升：《教育价值选择的方法论思考》，《教育研究》1995年第5期。
④ 叶澜：《试论当代中国教育价值取向之偏差》，《教育研究》1989年第8期。

值取向的因素。刘旭东认为，影响教育价值取向的因素有教育主体和社会条件以及二者之间的关系这三个方面因素的制约，而吴黛舒则认为影响教育价值取向的因素有教育相对独立地位、社会实践及其文明成果和教育意识三个因素。①

教育价值取向地位与作用论述。教育价值取向在全部的教育活动中具有重要的作用。首先，教育价值取向通过影响着教育目的的确立、教育方法的选择、教育内容的取舍，进而对整个教育活动进行定向和调控。其次，教育价值取向通过影响教育主体的教育价值观，使教育活动趋于个性化，也使教育主体对教育活动的评价带有一定的倾向性。檀传宝（2000）认为教育价值取向由"教育的价值取向"和"对教育的价值取向"两个部分构成，是教育（思想）的核心问题。②冯建军（2009）认为教育价值取向是教育改革的灵魂，对教育发展起着定向的作用。③

关于教育价值取向的类型研究。其中关于教育价值取向的应然探讨是理论建构中的核心问题，一直是教育价值取向争论的焦点。有很多研究者提出了不同的观点，主要有社会取向（娄立志，2001；石中英，2011）、个人取向、社会与个人的统一取向（扈中平，2000；张红，2008；廖其发，2011）、多元取向（陈桂生，2003）、生命取向（李家成，2002；叶澜，2004）等几种理论建构类型。不同观点的学者站在不同的立场，对教育应有的价值取向问题进行了阐述与辩护，为教育价值取向研究的繁荣奠定了理论基础。就目前来看，一个基本的共识是教育价值取向研究必须要跳出社会价值取向和个人价值取向对立的状态，开始趋向于从教育的特殊性、教育价值的实践需求来思考教育价值取向的选择问题。

关于教育价值取向研究的方法论反思。李长吉（2012）认为教育

---

① 吴黛舒：《影响教育价值取向的因素分析》，《齐鲁学刊》2002年第1期。
② 檀传宝：《教育是人类价值生命的中介——论价值与教育中的价值问题》，《教育研究》2000年第3期；孙喜亭：《教育价值观问题再论》，《教育研究与实验》1988年第1期。
③ 冯建军：《向着人的解放迈进——改革开放30年我国教育价值取向的回顾》，《高等教育研究》2009年第1期。

价值取向应更加强调对人的生存关怀。① 他认为一味地按照主体的"需要——满足"的方式来进行教育价值取向的选择，必将因为过于世俗而变得失去本身的理想与追求。我们应该以人的生存来裁剪人的需要，这种生存也必将是一种对生态、精神和人生意义时刻反思的生存意识。薛忠祥（2009）认为大多数关于教育价值取向的文章虽没有明确自己的研究方法，但也都遵循了具有自明性的教育价值研究方法，这种方法就是主体—客体思维分析方法。② 正是这种研究方式导致了教育价值取向在教育的社会价值和个人价值之间的钟摆现象。

（2）对教育价值取向的现实批判

教育的价值取向与教师的价值取向并不是一回事，但是它可以作为影响教师价值取向的一个侧面来分析。长期以来，我们对教育并不满意，紧凑、密集的教育改革就是一个很好的例证。实际上，从广义上讲每一次教育改革都是对原有教育价值取向的批判。

以教育价值取向为直接研究对象，还是始于20世纪80年代以后。教育价值取向在理论上的冲突与分歧，让教育研究者开始主动反思教育价值取向在教育现实中的问题。早在80年代末，叶澜（1989）就认为在中华人民共和国成立以来的40多年里，我国教育存在的偏差主要表现为：过于强调教育的社会工具价值，忽视教育在培养个性、使个人的潜能尽可能发展方面的价值。总是要求教育出即时的、显性的功效，忽视或者轻视教育的长期效益。③ 这篇文章虽然开启了教育价值取向研究面向实践的先河，但它的局限在于批判大于建构，批判了既有偏差的教育价值取向，而应有的教育价值取向是怎样的？建构应有的教育价值取向的方法原则应该如何？这都需要在今后的研究中继续关注。叶澜教授对教育价值取向偏差所作的分析批判在王卫东等（1996）的《关于建国后教育价值取向问题的思考》一文中得到了深化。他把教育价值取向分为国家主体的教育价值取向、集体主体的教育价值取向和个体主体的教育

---

① 李长吉：《教育价值研究三十年》，《浙江师范大学学报》（社会科学版）2012年第2期。
② 薛忠祥：《20年来我国教育价值取向研究述评》，《教育科学研究》2009年第11期。
③ 叶澜：《试论当代中国教育价值取向之偏差》，《教育研究》1989年第8期。

价值取向，分析了三类教育价值取向的关系及其冲突的不可避免性，提出了整合各种价值取向的解决意向和相对标准。张红（2008）认为自中华人民共和国成立以来，我国基础教育课程改革选择的是自上而下的政府主导型改革路径，在价值取向上对政治、经济等社会工具价值的偏执，造成了课程整体功能与课程公正的缺失以及对受教育者学习自由的压抑。[1] 还有学者针对我们究竟需要什么样的价值取向这一问题进行反思[2]，指出我国当下教育价值取向研究中存在脱离本国教育需求、缺乏相应的教育工程研究，与研究者自身的价值取向相分离这三大问题，并意味深长地指出，研究都必须要从自身做起。

综上所述，价值取向的研究，"多集中在教育对社会与人有哪些价值，对教育如何才能实现这些价值讨论不多，而且批判明显多于建构。具体地说，实现这些价值的条件是什么？途径有哪些？目前教育中有哪些现象阻碍了这些价值的实现，如何进行相应的教育改革以促成其实现？这些问题均未有令人满意的回答"[3]。的确，近些年来，随着教育价值取向问题研究的不断深入，一个基本的共识是有关价值取向研究及其整合的必要性，但到底谁来做，怎么做等问题一直以来并没有得到很好地解答。教师作为教育中的主体，所有的教育政策都要通过教师来落实，但教师自身的价值取向与我们所预设的那种教育应然的价值取向之间总是存在很大的落差，对教育价值取向进行直接研究的成果比较丰富，而直接以教师为主体进行价值取向研究的则并不多见，不能说研究者不重视教师，只是这里存在一个潜在的假设，即把教育的价值取向与教师的价值取向简单地理解为主从关系，认为如果教育的价值取向偏差得到纠正，那么教师的价值取向自然也会相应地做出改变。而现实的教育问题告诉我们，教育的价值取向与教师的价值取向完全是两回事，对教师的价值取向不会自然而然地变成教师自身的价值取向，这其中有太多的影响因素。当然，教育的价值取向之于教

---

[1] 张红：《新中国基础教育课程政策的价值取向研究》，东北师范大学，博士学位论文，2008年。
[2] 吴康宁：《我们究竟需要什么样的教育取向研究》，《教育研究》2000年第9期。
[3] 李长吉：《教育价值研究二十年》，《高等师范研究》2001年第4期。

师的价值取向会有一定的影响,但最终的程度与效果、制约因素与作用机制等,都是需要进一步探讨的,也是教师价值取向研究的未来趋势。

2. 教师层面的价值取向研究

我们说教育价值取向,其实最终落脚点就是教师的价值取向,再说得具体一点,就是教师教学的价值取向。但教师的教学价值取向又是来自哪里?来自教师的日常生活与非日常生活(教学),势必要受到整个社会价值取向的影响,即使是在一定程度上存在着冲突,但也无法脱离教育规训。就像有学者所认为的,成为教师的过程首先是"被规训的过程"[1]。所以教师层面的价值取向研究必须同时思考两个维度上的相关研究:内在于教师的教学价值观和外在于教师的法律法规、政策制度。

(1) 教师价值观的研究。目前对教师价值观的研究主要以其价值观的某一方面为主,综合的研究相对较少,而且综合的教师价值观研究又以反思批判性为主。

教师的综合价值观研究。我国当代教学理论与实践中的许多不尽人意的情况都与教学价值观念有着密切的关联,而教学价值观的研究力度不够更是这些问题迟迟得不到良好解决的重要原因之一。[2] 叶澜 (2002) 认为当前我国基础教育中课堂教学的价值观需要从单一地传递教科书上呈现的现成知识,转为培养能在当代社会中主动、健康发展的一代新人。姚林群 (2011) 认为我们的课堂教学依然存在严重的应试倾向,依然囿于表层的知识教学而无法自拔,情感态度与价值观维度的目标难以真正有效落实,在实施的过程中很多教师都是茫然而无所知的。他们既不知道在课堂中到底应该培养学生哪些价值观念,也不清楚所教学科在学生价值观培养方面的独特功能。[3]

教师的单一价值观研究。现有关于教师价值观与价值取向的研究

---

[1] 刘云杉:《从启蒙者到专业人——中国现代化历程中教师角色演变》,北京师范大学出版社2011年版,引言第2—3页。
[2] 李长吉:《教学价值观念透视与反省》,西北师范大学博士学位论文,2001年。
[3] 姚林群:《课堂中的价值观教学》,华中师范大学博士学位论文,2011年。

一般是从教学的内部,针对某一学科或主题(如语文学科的阅读教学、差异教学)。主要局限于从课堂观察的角度来分析教师教学的价值取向,也属这类研究的数量最多。如教学知识与方法、教学观念与行为、教学内容与效果以及课例分析和师生关系等方面的价值取向,或者对这些角度再进一步的细化,如反思、提问、评价、调控、奖惩等具体的教学行为的价值取向,而且大部分研究的定位是在概括出价值取向的变化后,试图在分析的基础上能够给予教师技术上的现实指导。

(2)教师政策制度、法律法规及资格标准的研究。不同时期对教师的要求与研究重点也在不同程度上折射出对教师的价值取向,这些期望是多方利益的整合,最终集中地反映在当时的教师教育、培训与专业发展等相关政策中。就教师教育政策而言,其价值取向是指政策的不同主体基于各自的价值观在面对或处理教育政策涉及的各种关系、矛盾或冲突时各自所持的基本价值立场、价值态度以及所表现出来的基本价值倾向和特定的价值方向的表达与整合。① 教师法(涂怀京,2003;吴全华,2002;劳凯声,2010)、教师教育政策(吴遵民等,2011)、教师培训政策(蒋媛媛,2004;单志艳,2012)、教师专业发展政策(王大磊,2011)、资格证书制度(李子江等,2008;刘瑜,2006)、专业标准(胡定荣,2003)等,这些研究虽然不是以教学价值观为主题,但能够为教师价值观的研究提供很多借鉴的东西,作为一种对教师的外在规范与要求,集中表达了社会对教师群体的整体期望,无时无刻不在影响着教师的教学价值观念与行为。这些政策制度、法律法规及资格标准的研究都是旨在通过对我国中小学教师政策进行考察和分析,努力探讨其存在的问题及原因,并在此基础上提出了完善我国当代中小学教师发展政策内容的若干建议。

3. 教师社会学的角度

已有的教师社会学研究多在功能层面论述教师的"应是"规范;多在具体操作层面论述教师"如何做",更准确地讲是对教师政策的诠释;多从特定角度展现教师的表象而对表象下的问题症结揭示甚少

---

① 孙绵涛:《教育政策学》,中国人民大学出版社2010年版,第35页。

（刘云杉，2006）。关于教师社会学对教师价值取向的影响可以主要概括为教师形象、角色与身份三个方面。

在教师形象研究方面，学界采用历史梳理或比较分析的方法来呈现教师的形象变迁。目前已有学位论文从文学作品的视角来考察教师形象变迁（王燕燕，2012），不同时期教师形象的类型以及在此基础上的教师形象演变的不同学说，都或多或少地隐含了不同时代背景下教师不同的价值取向。论文的历史时间跨度从20世纪70年代到至今，以每个时代经典文学作品中的典型教师形象为切入点，尝试说明随着时代的变迁，教师形象背后所体现的价值取向变化。另外有论者在《回溯与展望：中国中小学教师发展的世纪转型》一书中把这一个世纪的长度划分出六个阶段的时间分期，每一个历史分期对应典型的教师身份，如塾师、国民教师、人民教师、革命教师、专业教师等（卜玉华，2007）。

在教师角色研究方面，研究者一般以功能旨向来分析教师。从角色冲突的角度来讨论教师（董泽芳，1996；石中英，1998；毕艳锋，2008），为了更好地去理解教师角色复杂性，有学者引用莫顿（C. Meriton）的角色丛理论来关照教师群体，认为教师身兼八种角色。[①] 在这些不同的角色中，关于教师作为知识分子的论题在当下最为丰富（靳玉乐，2005；李长吉，2008；周险峰，2009；吕红日，2011），也是最具争议的话题。吴康宁认为教师是一种悖论性的社会角色，既不能成为纯粹的支配阶级代言人，也不能成为纯粹的公共知识分子，他应该扮演的角色是半支配阶级代言人半公共知识分子。[②] 也有研究者从教师社会学的分析框架来论述中国现代化历程中教师角色的演变（刘云杉，2006），指出中国现代化的历程也是教师从启蒙者到专业人的角色变迁过程。除此之外，还有不少人通过对教师隐喻的分析，如以蜡烛、人梯、人类灵魂工程师等这些妇孺皆知的隐喻切入（陈向明，2001；毕艳锋，2008）来理解教师的地位与作用。

在教师身份（称谓）研究方面，大多是遵循着历史脉络来进行的。

[①] 冉祥华：《试析教师角色及其角色丛》，《黄淮学刊》（社会科学版）1995年第4期。
[②] 吴康宁：《教师：一种悖论性的社会角色》，《教育研究与实验》2003年第4期。

"教师是谁"的争论就是教师角度冲突的集中表现,正是由于角色冲突现象的出现,所以才有了身份研究的必要性。教师作为一个"身份"的标记,其中包含了制度性的"权利"和心理性的"认同"两个组成要素①,外在的影响着教师价值取向的波动。在这里,身份不仅仅意味着相应的职位与权力,还意味着相应的性格特征与价值系统。② 从传统到现代,通过"教官"到"教师"称谓变化的历史考察,田正平、章小谦(2007)认为,在中国近代教育史上,用来表达教育者概念的词语,经历了从教官到教习,从教习到教员,从教员到教师的三次变换。这种变化反映了教育者概念内涵和外延的演变,而教育者概念的演变,则源于教育实践的变革。还有学者通过教师身份制度的演变的历史考察(阎光才,2006),总结认为中国教师的传统身份是制度型构起来的,正是通过制度的型构,才逐渐形成民间尊师重教的习俗和传统。

4. 教师文化心理的角度

教师群体是学校的基本群体,他们在生活、工作中显示出相近的价值取向、行为倾向和心理状态。③ 关于教师行为的研究,按课堂教学环节来理解主要有教师的设计、管理、提问、反思等方面,按行为的种类来分,如冲突行为,语言行为,教学话语分析(黄忠敬,2007)。还有研究者专门研究高成效教师行为的特征(白益民,2000)、教师行为类型(张伟平,1991)、生存方式(张传燧,2007)。从广义上理解,心理其实是一种内隐的行为,基于一定的社会情境通过文化心理行为的分析来判断、解释教师基本的价值取向。如从教师文化(车丽娜,2007;龙宝新,2009)、教师意识(王丽华,2009)、教师信念(吕国光,2004;谢翌,2006)、教师习惯(王彦明,2012)、教师需要(肖正德、李长吉,2003),教师价值观念(李长吉,2001)、教师感情修养(赵鑫,2010)等这些方面所做的研究,在不同侧面提及教师的价值取向。

---

① 曲正伟:《教师的"身份"与"身份认同"》,《教育发展研究》2007年第4期。
② 刘云杉:《从启蒙者到专业人——中国现代化历程中教师角色演变》,北京师范大学出版社2006年版,第176页。
③ 周伟国:《当析教师群体心理及其影响》,《广西社会科学》2003年第4期。

(三) 对教师价值取向相关研究的评价与反思

我国现阶段教师价值取向的研究具有极大的创新意义，开拓了研究的疆域，为后继的研究提供了基本理论与方法论的借鉴，使教师价值取向研究的价值和意义得到充分彰显，但其中也存在一定的问题。综合上述文献回顾，我们对教师价值取向问题的研究，尚存在以下几个方面的倾向与局限。

第一，从研究形式上看，教师价值取向的应然研究远远超过了实然研究。现有的教师价值取向的研究一般都是针对当下教育教学中的价值取向偏差来进行的，意识到教育现实中出现了某些问题，才会对教师提出价值取向上的要求与期望。一般在教育（道德教育、价值教育）、教育目的及其改革实践（课程与教学改革、教师教育改革）的价值取向和教师教育研究中偶从侧面涉猎。无论是教育价值取向的研究，还是教师教育政策的价值取向研究，这些都是一种他者对教师的价值取向，皆属于一种主观推论式的研究。直接以教师的价值取向为主体研究对象的论著并不多见，这其实也从侧面说明教师价值取向于人于己都还没有成为一种内在需要。他者式、应然式的教育价值取向研究替代了教师价值取向自身的、实然的探讨，说明目前对教师价值取向的研究尚不够具体、深入。因而我们需要将价值取向与教师的生活、教学紧密结合起来，将其本身作为研究对象，而不是停留于教育价值取向的功能延伸和价值哲学研究成果的简单嫁接。教师价值取向研究需要对国家宏观政策、各种社会新潮、自身生活状态保持理解的态度，并以自身的特殊性研究为基础，摆脱盲从状态，在历史与未来、可能与现实、个人与社会之间作出理性的选择。①

第二，从研究方式的角度来考虑，与教师价值取向有关的研究主要集中在宏观和微观两个层次上，而且经验臆断、演绎推论式的方式远远多于科学、实证性的调查研究。从研究的数量和质量综合考虑，可以把 2001 年基础教育课程改革作为阶段划分的标识。21 世纪或者

---

① 李家成：《关怀生命——当代中国学校教育价值的新取向》，华东师范大学博士学位论文，2002 年，第 16 页。

说教育改革之前的研究多侧重本质分析和宏观叙述，更多的是重理论思辨与关注价值取向的选择结果的研究范式。21世纪的课程与教学改革在社会整体转型的背景下，出于全面改革内在的需要，学术理论界发生了研究方式的转变，理论建构与实践研究都产生了新的形式，传统宏大叙事的研究范式遭到了否弃，取而代之的是微观叙事的兴起。随着微观教育研究方式的兴起，与教育相关的情境性因素得到了前所未有的关注，也使教师价值取向的实践研究开始受到学界的普遍重视。以"价值取向"和"教师"为关键词检索论文就会发现，直到2000年之后这方面的研究在数量上才突破每年10篇，而且大部分研究是面向实践层面的具体教育教学问题对教师的价值取向予以探讨。

这是一个非常有意义的转向，但不足之处是宏观与微观研究之间并没有一个很好的过渡，处于断裂的状态。以整个教师群体作为价值取向主体的中观研究数量相当有限，而且主要是以教师专业发展为主线，论域也多局限于教育内部（从教学的角度），思考的维度也基本没有跳出内在价值、外在价值或个人价值、社会价值等二元对立的分析框架。把整个现代化历程作为整体研究背景的教师价值取向研究更是少之又少，目前这种倾向的研究主要是对一个较短历史时期或者教师某个教学行为的价值取向研究。所以有必要突出现代化历程中教师群体的价值取向变化，使他们从附属的位置走出来，分化出独立的研究领域，放在多学科的视野中进行考察，以此深入推进教师的理论与实践研究。

第三，从研究范畴的角度看，已有研究主要是对教师价值取向的单向度研究，集中在教学生活和认知方面，遮蔽了教师生命的整全性。教师价值取向研究需要深入，尤其是对社会结构、生活状态和心理基础的研究。社会与教育之间的关系是怎么的，价值取向在其中的作用机制又是怎么样的？对这些基本问题的把握，直接影响着教师价值取向研究，也是教师价值取向研究无法绕开的前提性问题。教师价值取向研究是一项直面现实的理论研究，但是现在许多研究，还缺乏对价值取向形成过程以及内在机制的探讨，往往在理论论述的时候，忽略了对社会实践的关照。

在社会需求、教育改革与个体适应的模式中，对价值取向的研究缺乏阶段性的整体描述性判断，导致单向度、点状研究普遍。把研究的范畴局限在教师某个单一价值观的探讨，割裂了理性与非理性，日常生活与非日常生活的关联，既误把教师价值取向窄化为教学价值取向，也使得教育和教师沦为一种简单的主从对应关系。

第四，在时间跨度上，关注现实需要，对历史性的研究不够重视。缺乏长远目光，不利于教师的长期发展。而且对教师发展的历史认识更多的落脚在制度、规范层面的外围分析，仍缺乏从教师自身发展的实然状态全景式的梳理。从横向结构来看，教师价值取向并不是一个自在自为的独立观念体系，它的背后是社会结构，经济基础，国家意识形态，文化权力，教育体制，教育机构等各种社会存在的交互建构。从纵向发展来看，教师价值取向的形成、发展与变化是一个连续的过程，每个历史阶段都有其内在的规律与特点。在社会现实中，教师的价值取向与我们对教师的价值取向永远都是无法彻底分开。同样，教师今天的价值取向必然是在昨天的基础上发展而来。因而本书的定位是用系统和联系的观点来看待教师价值取向问题，充分考虑其社会背景和演进脉络，从历史这面镜子中了解教师行为方式与价值取向，并为其找到相应的合理性解释。

必须承认，教师群体的价值取向形成并不仅仅在教师个体，整个群体的社会形象、文化性格、历史境遇等方面都与教师价值取向的形成互为前提。仅仅从教育内部来思考价值取向势必会剔除许多有价值的线索，忽略了教师作为社会中的个体，在社会中还有其他的角色和身份，社会的、生活的、文化的……都不可避免会对其教学的价值取向产生影响。教师价值取向中的"教师"们应该是一个个丰富、完整的生命，教育教学对这个群体而言只是整个生活的一部分。随着教学改革与教师专业发展的不断深化，亟须建立一个关于教师层面的独立研究框架，整体反映教师的生存状态与社会、教育发展各个方面的关系，为教师的实践成长和精神生活建构提供全景的观照。基于以上种种，我们尝试站在前人的肩膀上，将整个中小学教师群体作为考察的工具性个案，全面回顾并反思其价值取向在七十多年里的嬗变历程，这对于我们更深刻地理解教师发展及其自身在社会与整个人类发展中的地位和作用，对于我们更好地促进教师的成长，都具有十分重要的意义。

三　研究思路与方法

自中华人民共和国成立以来，随着社会改革的不断推进，社会结构也日益多元、开放。在这个过程中，社会各阶层及阶层内部都产生了不小的分化，不同职业者，由于角色与身份的不同都在时代的浪潮中，自觉不自觉地去体认新的思想变动，适应新的社会需求。"事实上，职业的性质至关重要，因为每个人在思考问题时，立场往往先于思考，预设性地决定了判断。在考虑问题之前就已经不可避免地从职业的内在伦理和道德本质出发，继而在工作过程中理所当然地以此为起点，价值观从最初就被定性了。"[①] 在现实生活中，由于价值主体职业立场、社会地位上的区别，所以价值取向的动力与表现也不尽相同。本书主要将目光聚焦在中小学教师群体，在中华人民共和国成立以后的不同时期，他们的社会地位所起到的作用也时有变动，这给我们从价值取向变迁的角度来审视教师找到了切入点。我们的基本假设是，教师的价值取向随社会结构的变化而发生变化，反过来，教师价值取向的转变也会影响到社会的变迁历程，在社会转型过程中起到阻碍或促进的作用。教师价值取向的变迁与社会变革是同步的，在一个长时段的历史跨度中，每一代教师因其成长的时代环境不同，社会经验也会有所差异，这些背景性的因素是思考教师价值取向代际归属的重要方面。从历史的角度考察他们的思想观念与社会变迁的相互影响，正视教师价值取向的历史嬗变过程，是对历史最好的尊重。自中华人民共和国成立以来，基础教育领域在社会结构和教育政策变迁的驱动下进行了若干次重大改革。由于政治、经济等政策环境因素的影响，教

---

① ［英］麦奎根：《文化研究方法论》，李朝阳译，北京大学出版社2011年版，第62页。

师价值取向亦呈现出明显的阶段性特征。

价值取向是观念或文化的一种倾向，这决定了对它的研究只能采取文化研究的方式，以描述与解释为主。而且对教师价值取向的研究不能只局限在教师职业和教育场域内部，还要对教师价值取向产生的背景进行彻底考察，理解教师思想观念和精神状态形成的社会背景，关照其所处时代的社会风尚，以探寻教师价值取向形成的内在逻辑，借鉴人类学、社会学和心理学等学科的相关研究，关照教师生活，形成以经验为依托的理论研究。从历史的视角围绕教师精神层面的价值取向来研究教师，必须要做到历史与逻辑相统一，主要通过分析不同时代影响教师价值取向的生活要素来展开，在具体研究上侧重于质的方式与量的方式相结合的个案研究。在传统的个案研究中，个案主要是指某一个人，随着研究方法的发展，个案研究中的个案已经不再局限于个体，也可以是某个群体与组织单位。本书中我们把整个中小学教师群体作为研究个案。

鉴于个案的选取需要考虑目的性、可能性与便利性等因素，中华人民共和国成立初期到21世纪以前的教师价值取向的基本情况，我们主要从文献资料的梳理中来体悟。因而，研究中除了质的研究方法以外，文献分析法与历史比较法也都是必须要用的研究方法。文献分析法主要是指对现有的教师价值取向相关的文献资料为对象而进行的研究。在搜集、整理和辨析现有相关政策、制度文本等第一手资料和专家学者的专著、论文等研究成果的基础上，选择典型的文献资料进行分析研究，以获取关于教师价值取向方面的实证性信息，厘清每一历史时期教师价值取向的类型与特征，展现教师价值取向的历史变迁过程。与此同时，研究还要从历史的视角将不同时代的教师置于中国社会政治、经济、文化及教育的变迁脉络之中进行解读，进一步理解为何教师会呈现这种性质的价值取向，并在此基础上做纵向与横向的比较。任何社会现象都不是孤立的，而是有其产生的历史背景和发生、发展的过程。历史比较研究方法就是一种借助于对客观实在的研究对象的历史发展过程相关的史料进行整理、分析，从理论形态上总体把握和认识研究对象发展过程的客观规律的研究方法。把教师的价值取向与行为方式在不同时期、不同背景下的不同表现放在一起进行考察，寻找其异同，以揭示研究个案所特有的内在规定性。每个历史阶段的教师群体都有鲜明的时代特色，它们之间必然既有联系，又有区别。因此，对各个时期教师价值取向进行比较研究，可以找出其本质的特征和联系，有利于深化对各个时期教师价值取向问题的认识。

从已有的教师价值取向的相关研究来看，以由外而内的研究路径居多。即从偏向客位的研究立场对与教师相关的文本、材料以及事件中所隐含的价值观念进行分析，总结教师应该具备什么样的思想观念与精神风貌。相比之下，对这一群体的价值取向究竟是什么样的现实描述则相对较少。这样得出的研究结论也多是客位的教师价值取向。客位并不意味着客观，为了克服客位研究的对象性的操作思路，文化唯物主义所倡导的主客位互相解释的研究方式对本研究有所助益。为了更好地说明主客位研究这一方式，借用文化人类学的代表马文·哈里斯（Harris，1989）的印度圣牛案例来呈现思想的客位观点与行为的主位观点等文化唯物主义的认识方式。

> 在印度南部喀拉拉邦的特里凡得琅地区，我访问了农民，问到了他们自家的牛的死因问题。每一个农民都坚持说他绝不会故意缩短任何一头牲畜的生命，不会杀死它们或让它们饿死。每一个农民都强烈地肯定了印度教不准屠杀家牛的规定的合法性。然而时过不久，从我收集的牲畜繁殖来看，很明显，小公牛的死亡率往往比小母牛死亡率高出近一倍。事实上，一岁以下的公牛的数量低于同龄组的母牛的数量，比率为67∶100。农民们自己知道小公牛比小母牛更容易死去，但他们认为这种差别在于小公牛比较"虚弱"，他们说"小公牛经常生病"。当我要求农民解释为什么小公牛更经常生病时，有几个人说小公牛比小母牛吃得少；有一两个人说小公牛吃得少是因为只允许它们在母牛的乳头旁待上几分钟。但是，谁也不说因为在喀拉拉邦很少需要畜力，公牛就被剔出去，母牛则得到饲养。
>
> 这种情况下的主位研究结果是谁也没有故意或乐意缩短牛的生

命。人们反复告诉我说，每一头牛不论是什么性别都有权生存。但是这种情况下的客位研究结果是，用优先选择杀公牛的方法，有系统地调整牛的性比率，以适应于当地生态学和经济的需要。虽然多余的小牛不杀掉，但它们或多或少地很快被饿死，按主位观点来看，喀拉拉邦牛的性比率与当地生态学和经济条件之间不存在系统的关系。然而这种系统的关系的无比重要性可以从下面事实中看出来：印度的其他一些地区普遍具有不同的生态条件和经济条件。在那里，实行的客位的杀牛的优先选择是母牛而不是公牛，结果在北方邦成年牛的性比率是每200多头公牛比100头母牛。①

在这个案例中共有四个分析维度，主位维在左侧，客位维在右侧；行为维在上侧，思想维在下侧：

Ⅰ 主位的／行为的　　　　Ⅱ 客位的／行为的

Ⅲ 主位的／思想的　　　　Ⅳ 客位的／思想的

Ⅰ 主位的／行为的：没有小牛被饿死；
Ⅱ 客位的／行为的：小公牛被饿死；
Ⅲ 主位的／思想的：所有小牛都有生存权；
Ⅳ 客位的／思想的：当饲料不足时让小公牛饿死。②

圣牛的案例揭示了主位研究与客位研究之间的偏差。哈里斯表示，当主位观点与客位观点出现严重差别时，二者的差异程度是衡量人们受蒙蔽的程度的重要指标，当人们完全被蒙蔽时，我们就可以基本断定他们的行为描述只是指思想现象。也就是说他们的描述完全是主观

---

① ［美］马文·哈里斯：《文化唯物主义》，张海洋等译，华夏出版社1989年版，第38—39页。
② ［美］马文·哈里斯：《文化唯物主义》，张海洋等译，华夏出版社1989年版，第45—46页。

建构的，并不存在必要的现实基础。① 思想生活的研究必须要实现主客位的互证，以超越无意识的蒙蔽达致相对的中立，尽可能地得出客观的结果。主客位的研究相对有效地避免了研究者与研究对象之间的思想分歧，力图最大程度上实现解释的合理与通融。

为了克服客位研究的局限，保证教师价值取向研究的合理性、客观性，我们必须在文献与历史分析的基础上辅以问卷、访谈和观察等方法来搜集资料，在论述中把每位教师的经历置于其所处的历史、社会和工作情境，根据生活要素来分析，使主客位研究相互印证。围绕影响教师价值取向形成及变化的意识形态、政策制度、重大历史事件、重要他人、日常生活等要素，呈现教师在一定历史时期的生存境遇，展现教师价值取向形成的基础及其内在关联，并通过这种呈现和探讨进一步对教师的价值取向进行深入阐释。基于教师具体的时代状态实现对教师价值取向的呈现、阐释与构建。本书中的调查研究主要以问卷、访谈和观察的方式来展开。调查研究可以用于当下教师价值取向的考察，教师个案选择以1978年、1992年、2001年三个时间点作为关键年份，研究1978—1991年、1992—2000年和2001年之后步入教师职业的14位教师的价值取向（见表5）。另外，针对不同时期的教师访谈内容有所区别，1992年之前就参加工作的教师会追加关于时代感受的补充性问题（详见附录二中的访谈提纲二）。访谈采用结构性访谈与半结构性访谈相结合，结构性访谈主要是通过熟人介绍，半结构的访谈则是利用自己曾经的读书经历，与当中小学教师的同学闲聊来获得，这样得到的信息会相对真实。

表5　　　　　　访谈教师基本情况统计表（接入职时间排列）

教师编号	现教学科	所在学校类型	入职时间/教龄	最后学历
教师 ZXK	语文	小学	1983年/32年	中师
教师 JHW	生物	初中	1987年/28年	中师

---

① ［美］马文·哈里斯：《文化唯物主义》，张海洋等译，华夏出版社1989年版，第46页。

续表

教师编号	现教学科	所在学校类型	入职时间/教龄	最后学历
教师 WLL	历史	高中	1990 年/25 年	中师
教师 FSN	地理	初中	1990 年/25 年	中师
教师 WXJ	语文	小学	1991 年/24 年	中师
教师 CYC	生物	高中	1992 年/23 年	中师
教师 QH	数学	高中	1994 年/21 年	中师
教师 WX	英语	初中	2000 年/15 年	本科
教师 WXY	生物	高中	2003 年/12 年	本科
教师 CSZ	语文	小学	2007 年/8 年	本科
教师 JP	语文	小学	2008 年/7 年	本科
教师 QN	数学	小学	2010 年/5 年	本科
教师 WJ	美术	高中	2010 年/5 年	本科
教师 MJ	语文	小学	2013 年/2 年	本科

访谈与问卷调查的方式可以为研究获取主要的资料和素材。问卷调查法相对于访谈法来说，主要起辅助性作用，毕竟观念性的东西很难通过某一言行就下定论，需要多方互证。这就要求我们在问题设计与调查时要讲究策略，以引出真实的想法。本研究最初只是根据价值取向的三个维度编制教师价值取向问卷，但后来又考虑到教师职业具有高度道德期待的特殊性，把教师价值取向中的价值追求维度作了突出强调，针对教师职业细化出专业精神的下一级指标，最终从三维度和四方面来编写问题考察教师当下的价值取向（详见附录一）。问卷由选择题和排序题两部分组成，通过对研究区域内中小学教师发放问卷，把握当下教师群体的价值取向的总体状况，结合理论分析归纳总结出教师价值取向的类型和特点。另外，教师价值取向以教师的心态、追求和人格等方式得以存在，在社会实践中经常渗透于教师的言行，所以通过观察中小学教师的外显行为和物质环境来体悟、判断这个群体的主体价值取向，以更全面地了解和进一步弥补其他研究方法的欠缺和不足，也是不可忽略的方法。

第一章

教师价值取向的性质与特点

价值取向是一个涵盖社会各个领域、各个层面，涉及各个学科的价值哲学范畴。究竟何为价值取向，它有哪些特点，又有什么作用？从理论上理清这些问题，是本研究得以展开的基本前提。

一 价值取向释义

（一）价值取向的内涵

价值取向作为价值哲学的重要范畴，一般指价值主体在特定的社会背景下，基于自身的利益和需求所表现出来的态度与行为上的基本倾向。

首先，价值取向的形成与产生，总是基于一定的社会条件和历史背景，始终反映着特定社会关系。由于价值取向的形成依托于社会结构，社会的转型必然引发价值取向的变化，因而价值取向一词具有很强的历史流变性，既是继承的又是发展的。受到文化传统、意识形态、社会制度、生产方式等具体历史条件的制约。有什么样的社会结构，就有什么性质的价值取向。当时代的社会条件发生变化，人们的价值取向也会呈现出相应的变化与特点。在传统的总体性社会中，社会分化程度很低，必然是倡导整体主义、集体主义的价值取向。而到了现代社会，随着社会阶层、利益格局的分化，价值取向也从一元走向多元，这是由价值取向内在的历史社会性所决定的。

其次，价值主体的利益需求规定着价值取向的性质与变化，它受制于文化氛围与制度环境，具有情境性。价值取向是由主体的内在需要决定的,不同的需要导致不同的价值取向,而且受到情境因素的影响。很多时候,我们所生活的环境其实就像是一座巨大价值天平,也就是一种处境、氛围,向哪边倾斜,带有很大的偶然性。比如说屡见报端的货车侧翻的问题,路过的第一个人选择怎么做很重要,如果他开始抢洒落的货物,可能后面的人也跟着哄抢;如果第一个人帮忙捡起来,后面的人也可能同样会选择帮忙。可以说在每个人的心中,公与私,正义与邪恶等这些一组组对立的价值都是同时存在的,只是在不同的环境和氛围中,会作出不一样的选择。就教师群体而言,比如在教师节的时候,有些教师担心拒绝家长的"礼物",自己会被一些同事认为是"清高",甚至被孤立,如果在教育场域中形成这样的风气,个人可能就很难抵抗。所以说,价值观念的最终指向性是与氛围和制度的制约密切相关的,情境制约着价值取向的性质。

最后,"内化于心,外化于行"的表达方式。价值取向是价值主体在价值活动中所展现出的一种心理与行为的总体倾向,反映着一定历史时期人们的心理状态与精神风貌。它总是以隐性或显性、感性或理性的方式运作,既有心理偏好,也有理性选择。对价值主体而言,价值取向首先是一种心理状态与体验,但价值取向又不仅仅是一种观念性活动,也表现为强烈的行为意识和社会行为,是价值主体对活动倾向的一种有意识地调控、选择。因此它不只是一个抽象的结果,更重要的是一个过程。价值取向的过程性主要体现在两个阶段:首先体现为行为的定向过程。在这一过程中,价值主体要经历对主观需要与客观条件的意识、认知,从而确立价值目标。当目标确立后,价值主体就开启了下一个过程性的阶段:如何达到预期目标。这一阶段,主体将对可能达到行为目标的手段与方式进行把握、判断,并作出符合自身价值立场的选择。当上述两阶段都完成后,主体的行为方向基本确定。因而价值取向的形成及表现虽然受情境制约,但不是完全随机的,而是主体在接近价值目标时,为了价值目标的实现所建构的观念性活动,是一个持续发展变化的过程。

(二)价值取向的层次与类型

任何社会的价值体系都是该社会价值观的集合体,是建立在该社会基本政治经济制度基础上的意识形态。社会的存在和发展,除了需要相应的物质基础之外,同样不能缺少精神层面的价值支撑。一定社会的价值体系是由多个层次构成的,从核心到外围,从主流到一般,各个层次相互交织共同组成一个完整而复杂的价值系统。居于核心地位、起主要作用的是核心价值观,其他的各个层次的价值观则依不同的情境与需求发展、变动,与核心价值观一并构成既定社会的价值体系。但每个层次的价值观并不是相互区隔的,而是相互牵制,彼此关涉,共同对社会的发展起作用,也随历史的继替而变动。

价值取向不仅是一个多层次的概念,而且从不同的角度也可以划分出不同的类型:1. 按价值取向的大致范畴可以划分为经济取向、政治取向、文化取向、道德取向、审美取向等;2. 按价值取向的具体内容分为知识取向、能力取向、技术取向、人本取向等;3. 按价值取向的形式分,大致可以划分为两个层次:感性水平和理性水平,倡导的与践行的(被动的与主动的);4. 按价值取向的主体分,价值取向可以分为个体价值取向、群体价值取向、社会价值取向、国家价值取向等;5. 按价值取向的性质分,可以分为个人取向和集体取向、工具取向和终极取向;利己取向与利他取向等几种常见的类型。当然,不管哪一种分类只是为了研究的方便,在现实中各种类型与层次的价值取向通常是整体呈现的,并非可以绝对分开,而是存在很大程度的交叉与对应。

(三)价值取向的形成基础与关系向度

1. 价值取向的形成基础

一个人的价值取向不是先天存在的自在之物,虽然不能排除形成过程的生理因素,但就其本质而言,价值取向是社会化的结果。"价值取向的形成,首先是社会文化传统和生产方式,其次也包括制度和意识形态的作用,但价值取向本身却不是社会意识范畴,而是人们社会实践中所体现出的一贯性倾向,决定、支配主体的价值选择。"[①]

---

① 李淮春:《马克思主义哲学全书》,中国人民大学出版社1996年版,第236页。

首先，文化传统是价值取向形成的历史底色。文化是作为人的本质性规定，是人的存在方式的历史凝结，一旦形成，就根植于人们的社会生产与生活中，成为个体与社会发展的底色，作用于人们深层的心理结构中，无时无刻不在制约、形塑着人们精神生活。作为人类精神活动的对象化结果，文化传统在很大程度上是一种集客观性与观念性为一体的存在，无处不在地参与、影响人们价值观念的形成过程。任何个体与社会的价值观都不可避免地要带有其文化传统的底色，没有人能够逃开历史的惯性。所以，价值取向的形成是历史与现实互动的结果。不同的文化传统所孕育的价值取向必然不同，但同一种文化传统未必催生相同的价值取向，这里面涉及一个现实性问题，与价值主体的知识背景、道德水平、思维方式等方面密切相关，必须具体分析。

其次，生产方式是价值取向形成的根本基础。社会存在决定社会意识，"社会存在之所以为社会存在，关键在于它是人的一种活动方式或生存样式。人的感性实践活动把人这种对象性存在物与其他的自然存在物从根本上最终区别开来。把握社会存在的核心就是把握人之成为社会存在的人的感性实践活动"[1]。正如马克思所说，物质生活的生产方式制约着整个社会的政治、经济与文化生活，不是意识决定着存在，而是存在决定着意识。[2] 生产方式作为社会存在和社会实践的基本要素，不仅决定着整个社会的物质生产工具、内容、过程等，而且决定着人们的社会关系和生活方式，甚至从根本上讲，它还决定社会的文化形态与价值体系，塑造人们的思维方式与行为方式。

再次，意识形态是价值取向形成的引导体系。意识形态是一定社会权威的解释体系，代表价值体系的序列原则，既反映了特定历史时期的社会需要，又体现了普遍的社会理想和追求，具有强烈的社会整合功能。一般来讲，当某种意识形态在占据其统治地位之后，必须要通过确立主导价值的方式来实现统领地位。正如阿尔都塞所认为的，"意识形态并不是供社会成员自由选择的，不管人们是否愿意，他们都得接受。谁不与社会的意识形态认同，谁就不可能进入这个社会，所

---

[1] 胡红生：《社会心态论》，中国社会科学出版社2011年版，第116页。
[2] 《马克思恩格斯选集》（第2卷），人民出版社1995年版，第32页。

以，意识形态是通过强制的、无意识的方式为社会成员所接受的"①。意识形态对价值取向的规范、引导主要通过文化宣传与教育制度来落实，在显与隐的双重力量强化人们对主流价值的认同与践行。

最后，社会制度是价值取向形成的规范力量。没有规矩不成方圆，绝对的自由是不存在的。任何社会，为了维持自身的存在、巩固与发展，必须要依靠强制性的制度来约束、规范人们的社会生产与生活，把人们整合到一定的社会秩序中加以管理，让整个社会更加规范、合理。社会学家帕森斯认为，人类的一切行为都是在制度的框架内进行的，制度不仅是组织的结构，而且是规范的模式，用来规定在某个特定社会中，哪些是合适的、倡导的行为与方式。也就是说，社会制度可以被看作一种显性化的价值体系，它的性质框限、教化，引导着生活于其中的人们的价值观念与行为方式，是价值取向的形成的主要引导力量。

2. 价值取向的关系向度

价值取向作为文化与价值观念的核心要素，其与二者的关系是我们理解价值取向的重要维度。文化、价值观念、价值取向三个概念之间存在从外围到核心的逻辑，要研究处于核心位置的价值取向，就不得不对相关概念及其内在关系进行适当把握。

（1）价值取向与文化的关系

文化是价值观念、思维方式和行为模式的综合，价值取向作为精神文化的核心，是文化的灵魂所在，决定着文化的性质与发展方向。"文化既可以表现为人们所未曾意识到的自发的生存模式，也可以表现为人的自觉的价值观念或文化精神。"② 不同的文化体现着不同的价值观，无论是文化的适应与批判，还是传承与创新，最终都要通过一定的价值取向来实现。人是文化的载体，从这个意义上讲，主体的价值取向，实际上都是一种文化价值的选择和认同。人类的任何价值追求与文化认同都不是漫无目的的，而是朝向一定的目标，这个目标朝向、文化定位的过程，就是价值取向对文化的引领过程。

文化一经形成，便会发挥自身的涵化作用，通过文化的价值定位

---

① 转引自俞吾金《意识形态论》，上海人民出版社1993年版，第377页。
② 依俊卿：《20世纪：文化焦虑的时代》，《求是学刊》2003年第3期。

来对人进行价值关怀，完成价值取向的培育、引导工作。文化的价值定位，是指文化对人的文化关照和文化塑造，其存在的意义和价值，就在于文化能够以人文性方式对人产生影响，如文化心理调适、价值观念塑造。① 可见，文化与价值取向并不是单向的决定—被决定关系所能涵盖的，二者之间是相辅相成、互动生成的关系。这要求我们在分析价值取向时，不仅要注意到价值取向背后的文化因素，还要理解文化的定位以及文化对价值取向的建构性影响。

（2）价值取向与价值观念的关系

首先，价值取向是价值观念的核心要素之一。"价值观念的核心是价值目标、价值追求、价值取向。这是因为，价值观念是主体的利益、需要的内化，主体的利益、需要直接决定主体的价值目标、价值追求、价值取向。价值观念内含的价值信念、价值标准、一般价值规范，是由价值目标、价值追求、价值取向决定的，是以价值目标、价值追求、价值取向为中介与主体的利益需要联系的。"②

其次，价值取向决定、反映着价值观念。价值取向具有为价值活动定向的功能与机制，所以最终的态度与行为倾向，必然受到主体已有价值观念的影响。但"相对于社会价值观念来说，实际上是价值取向决定社会价值观念，而不是价值观念决定实际价值取向，当然，社会价值观念对社会价值取向也有很大的反作用"③。

最后，价值观念制约着价值取向的选择范围，是影响价值取向形成的基本前提。价值观是主体通过其内在需求的标尺对一定客观事物所给予的主观认识与评价，如真假、好坏、对错等。作为社会意识形态的一个重要组成部分，价值观念总是基于一定的经济基础来呈现主体的利益和需求，并进一步决定着人们社会实践活动的方向。社会的经济基础是孕育思想观念的培基，制约着价值观念的形成，影响着人们思想与行为的选择。例如，若是社会尚未发展出网络媒体技术，人们就不可能形成"互联网+"的观念，更不会存在数字化的生活方式。

---

① 严峰：《文化的定位》，《湖南社会科学》2010年第5期。
② 王玉梁：《价值哲学新探》，人民教育教育出版社1993年版，第422页。
③ 李淮春：《思主义哲学全书》，中国人民大学出版社1996年版，第163页。

二 教师价值取向的特点与影响

根据价值取向的释义分析，我们认为教师价值取向是教师群体在一定的社会背景下，基于自身的利益与需求，所表现出心理与行为上的总体性倾向。

（一）教师价值取向的特点

教师作为一个特殊的职业群体，肩负着教书育人的社会责任和历史使命，他们身上的社会职责和人格魅力是教师身份的内在规定。教师的价值取向是教师群体中的大多数成员在同一社会化进程中所建构出来的共同的选择倾向，它是教师群体进行社会实践的内在动力与方向。作为主体价值观念的重要表征，教师价值取向具有以下一些特点。

首先，教师的价值取向是一种主观建构的社会现实，具有社会历史性。教师价值取向是教师职业群体在教育实践中建构的主观现实，起源于教师群体内在的主观倾向，以既有的社会结构为依据，具有一定的社会历史性。任何主体的价值取向都不是先天预成的，而是在个人与社会的发展中互动生成的，一旦其形成具有极大的稳定性，成为主体构成的一个重要组成部分。教师作为一个完整的社会人，其价值取向必然依托于一定的物质条件和社会实践活动而形成，是教师的日常生活与非日常生活在职业活动中的集中显现。从根本上讲，教师的价值取向是教师基于一定的物质基础和经济条件，在特定社会情境中主观建构而成的共同倾向。教师价值取向是社会存在与社会关系内化于教师身份的产物，必然受已有社会结构的制约，随着社会关系的变化而变化。因此，不同的历史时期和教育需求总是会塑造出不同类型特点的教师价值取向。总之，教师的价值取向在很大程度上受到既有生活经验、教育条件的制约和影响，是教师对特定情境中具体社会存在一致的、主动的反映，在本质上是教师群体在社会实践中共同建构的主观现实，具有社会历史性。

其次，教师的价值取向属于社会意识，具有主观能动性。教师价值取向的形成基于一定的社会结构，反映着既有的社会存在，在本质上是一种社会意识。作为社会意识，它在反映社会结构的同时也能够反过来影响、改造社会结构，具有主观能动性。社会存在决定社会意识，教师的社会地位、经济状况、教育水平、工作方式等诸多方面的社会存在，从不同侧面共同塑造了教师的价值取向。但教师的价值取向并不是一味消极、无限地顺应社会结构和教育制度，始终处于被决定的附属地位，教师的价值取向一经形成、稳定，便具有了主观能动性，成为影响教育改革基本走向和具体教育行为的重要因素。人与世界的关系是价值取向形成的基础，教师的工作性质决定了教师群体应该具备主动性、进取性和适应性等性格特质，因而他们的价值取向中带有强烈的主观能动性。不可否认，教师的价值取向是相应社会文化、生活方式的折射，但价值取向一旦形成、稳定之后，又可以反过来通过社会、家庭，特别是教育机构发挥它的社会改造作用，摆脱单向的主从关系是教师价值取向走向健全的基本诉求，也是教育得以更新的必要前提。

最后，教师的价值取向是联结主客观世界的中介，直接决定了教师进行社会实践的基本方式，具有动态适应性。动态适应泛指所有参与教师价值取向建构过程要素间的相互关联和影响，主要表现在纵向和横向两个层面。从静态的角度来分析教师价值取向的形成，往往会得出社会现实是因，价值取向是果的结论，但如果着眼于历史发展和社会结构，就会发现二者之间互为因果、相互转化的动态适应关系。教师的价值取向形成于现实的生活状态和教育方式，伴随着社会的发展，已有的价值取向与当下的生活模式之间不断构成新的互动关系，教师价值取向正是在被动塑造与主动改造的循环往复中参与推进社会结构的更新。值得注意的是，教师的价值取向是价值取向与教师职业相互匹配的关系领域，是一项关于教师问题的综合性研究。教师的价值取向是其全部社会与个人特质的整合，当各种社会结构要素与教师这一身份相遇时，就会锻造出与当前教育秩序相匹配的价值取向，而这种独属于教师职业群体的价值取向又在自身的发展中强化既存的教育现实，关系着具体教育观念与行为的改造。教师价值取向产生于历史与现实、社会与心理的持续交互建构和动态适应，其运作过程不可能离开这两个方面而随意进行。

（二）教师价值取向的影响

教师的价值取向能够把教师群体必须履行的社会职责内化，从而驱使教师把精力放在某一特定的社会领域和教育现实问题上，使他们的价值取向转化为生产力，成为一个社会运作和教育发展不可或缺的力量。探寻教师的价值取向如何在社会、教育层面表现它的动力特征并发挥改造作用，对教师生活质量和综合素养的提升具有重要意义。

1. 影响教育与社会发展的方向

教师的价值取向不仅是教师群体内部大多数成员共同的态度倾向，而且还在很大程度上影响甚至决定了未来社会大多数成员的价值取向，对阻碍或推动社会进程起着不可估量的作用。具体是积极还是消极的影响，要看教师的价值取向类型是否与社会主流价值观相符合。尤其是我们国家目前正处于深刻地社会转型时期，当教师群体的价值取向与社会发展所需要的主导价值体系相近时，它们便能释放出更大的合力来优化社会结构、促进社会的转型。

如何利用教师价值取向来促进教育的发展，是一个理论问题，也是一个实践问题。教育必然带有社会性，这是它无法摆脱的宿命，但并不意味着教育要沦为社会的工具，成为政治的附属机构，它也有自身的内在规定性。如果漠视了这一点，就会把教育置于被动的境地，失去了教育应有的尊严。创新精神、人文素养、实践能力以及社会主义核心价值观等这些思想观念在教育中无法独立运作，而是需要借助一定的载体来完成。教师的价值取向便是这样一种中间性环节，它内化着教育中预设的意识形态，反过来又决定着教师的观念与行为，影响着教育政策的落实。在教育改革不断推进的时代，诸多具有时代内涵的教育理念大量涌现，如何认识和理解这些教育理念，如何把抽象的教育理念转化为具体的方法技术？是每一个教师在现实中必须面对的问题。必须承认，最终决定教师教育行为的往往不是理念或事实本身，而是教师对理念或事实的认识与理解。这种认识与理解实质上是教师建构其价值取向的认知前提，在很大程度上决定了教师的教育行为，影响着教育政策的有效落实。

2. 影响教师社会实践的成效

每个群体或阶层都拥有属己的价值取向,并以其参与或影响着社会发展。但教师群体的价值取向却通过对学生的培养更直接、更高效地影响社会进程,这也从侧面反映了研究教师价值取向的重要性,映射出教师身份中责无旁贷的社会责任。师者之所以为师,关键在于教与育的相互支撑。健全的价值取向要求教师必须达到知识形象与人格形象的高度统一,伴随教育观念和行为方式的转变,教师价值取向的调整也势在必行,因为教师的任何观念、态度与行为都是基于一定的价值取向,它是教师进行社会实践的内在动力因素。

教育之于教师是一种制度内的非日常生活。非日常的教育生活实际上是日常生活的一个缩影,是日常生活的集中表达。因而对教师的价值取向研究必须真正地回归生活。教师的每一个教育行为的背后都是由教师的日常生活与非日常生活方式在共同起作用,所以必须要同时考察教师的日常生活,才能充分地理解其教育行为的现实意义及其背后的心理活动。教育实践是无法复制的,即使是在同一情境中,同样的教育行为也会因教师的不同而产生迥然相异的效果。这使我们有理由假设,一定存在着某种无意识的价值观念基础在深层次决定着行为及其效果。因而,教师群体必须要有意识地去理解日常生活、认识自己,主动建构一种健全的价值取向,使教育应然的道德指令和行为准则等转化为其心灵的力量,唯有我们变得"有意识",分析它们、理解它们,才能够克服、驱走这些无意识,我们才能积极地介入社会,承担起我们应负的社会责任与教育责任。

3. 影响学生价值取向的形成

教师价值取向的健全与否直接影响学生的价值取向。从价值取向的形成角度看,教育就是一个塑造学生积极观念的过程,这必然要求教师价值取向正确在先,发挥榜样力量,以身立教。我们没有任何理由认为,一个价值取向不正确的教师会培养出取向积极的学生。教育不能只靠说教,身体力行的榜样示范远比单纯循循善诱的影响更加持久。特别是基础教育阶段,学生的认识、反思能力还十分有限,其价值判断标准、性格品质的形成,在很大程度上来自于师长的直接影响,可塑性极强。他们的价值观会在教师的价值取向,如生活态度、价值选择、教育方式等方面的影响下悄然变化,因为教师的价值取向内含在教育实践中,学生不可能摆脱教师的这种影响。在过去的师范教育和今天的教师教育中,比较注重探索普适化的教育程式、方法和规则,而不太注意其作为个性影响、道德践履和艺术审美的过程,特别忽视行为的整体育人效应。仅仅把教师看成是知识、技能的传授者和示范者,把一个教师简化为教书匠,因此,只重视教师知识和技能的拥有,而轻视其内在品性的构成。[1] 可以坦率地讲,在这种教育和培训中形成的教师价值观念在当下已经构成教育的重要影响源,在教育实践中以相同的方式塑造着学生的价值取向,并凝结在众多社会关系中,反过来转化为社会进程中的生产力,自身也成为塑造未来社会的一部分。可见,教师价值取向的形成过程直接影响,甚至是决定着学生价值取向的塑造。试想一个自身性格不健全、态度冷漠、思想被动、对公共事务毫不关心、把全部精力都用来成全一己之私的教师,怎么可能担负起教化大众的社会职责?因而也就不能奢望他们会在学校的课堂和学科教育中展现教育性,培养出性格健全的人。我们每一个人都受时代和社会条件的限制,但每个人又都总是能够反过来对这种限制再做一点事情,即使面对仅是当下的学生,我们也必须在任何时候都应该将社会责任置于首位。在这种意义上,我们可以说教师成为什么样的人要比他教授什么更为重要。[2]

三 教师价值取向的分析维度

(一) 教师价值取向的研究维度

通过对教师价值取向特点及影响的思考,并根据对教师价值取向相关研究文献的梳理,本研究认为,教师价值取向主要包括三个维度:社会心态、价值追求与人格特征。它们在教师价值取向的形成与发展过程中所起的作用可概括为:定向—规范(提升)—实现(调整)。社会心

---

[1] 傅道春:《教师技术行为》,黑龙江教育出版社1996年版,第34页。
[2] 徐继存:《个人主义教学及其批判》,《课程·教材·教法》2007年第8期。

态是教师价值取向的基础和先导因素；价值追求是教师价值取向的目标与内在驱动力；人格特征是教师价值取向的最终表现形式。并且，它们之间存在着一定的内在联系，共同构成了教师价值取向形成与发展过程：教师良好社会心态的培育有助于教师形成积极的价值追求，而教师正向的价值追求又会强化教师的专业精神成为内在动力，养成教师健全的性格，反过来又在深层次促使教师的社会心态向健康发展。

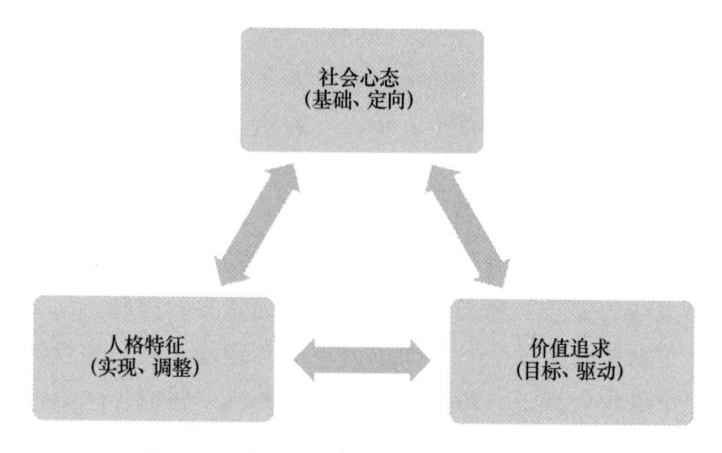

图 1-1 教师价值取向分析维度及其关系

1. 社会心态

教师的社会心态是指教师在一定社会情境中，基于某种认知和需要而产生的，具有普遍性、代表性的心理状态与心理倾向，反映着一定的社会风气。社会心态是教师价值取向的内在构成要素，在教师的价值取向形成中起基础性作用，作为一种普遍性的心理状态，它内在地决定着人们的价值追求与选择。从主体价值意识的层次看，社会心态所内蕴的价值观念既包括心理水平层面上的价值意识，又包括自觉水平上的价值观念。① 心理水平上的价值观念更多的是一种感性形式的社会情绪表达，如各种引起心态变化的需要、兴趣和感觉等。自觉水平上的价值观念相对理性，主要包括社会需求、社会理想和社会信念

---

① 李德顺：《价值论》，中国人民大学出版社2013年版，第128—148页。

三种最典型，也是最普遍意义上的社会观念形式。

社会心态是价值取向的核心内容与典型形式，是价值取向形成的条件性因素，与价值取向具有内在的一致性。在舍勒看来，心态标明的是人们的价值偏好系统，构成了生活中的价值序列规则。① 的确，任何心态都是对实际社会生活的反映，折射着主体对既有价值的排列与选择，隐含着一定的价值取向。所以，根据一定的社会心态可以分析、判断价值取向；同理，也可以从价值取向中反观、阐释具体的社会心态。"社会心态不仅是一种观念性活动，表现为社会认知和评价等心态内蕴，而且表现为一种强烈的行为意识和一定的社会行为……在人们实际的社会生活活动中，无论是个体还是群体的，他们的任何活动和行为都是以一定的心态内蕴为先导的，即任何活动和行为都是某种心态内蕴的最直接体现和结果。"② 社会心态的变化是主体价值观念内在冲突的结果。从价值的角度讲，人们的一切社会实践活动都是价值判断、价值选择的结果，体现着不同的价值取向和价值追求，心态的变化也不例外。任何教学活动都是由师生的行为构成的，而任何的教学行为都在一定程度上受行动者心理因素的促进与引导。所以说了解教师的心理特点及其发展规律，才能更好地理解他们的教学活动，并进而对教学过程作出合理的分析与说明。当然，任何心理与行为的形成与发展，都有特定的社会政治、经济以及文化背景。所以，心态的研究必须充分注意环境因素的作用，重视研究心态、行为与社会环境之间的双向作用关系。

2. 价值追求

价值追求是指价值主体根据自己的需求在价值活动中表现出的价值取向，是教师价值取向的目标指向与外在表现。"价值追求有三种形式：第一是在情感上对一定价值目标的执着向往、仰慕和实现一定价值目标的强烈愿望；第二是在认识上的千方百计努力实现价值目标的坚定信念和设想；第三是在实践上采取实际行动、克服各种困难，为实现一定价

---

① [德]马克斯·舍勒：《资本主义的未来》，罗悌伦等译，生活·读书·新知三联书店1997年版，第7页。
② 胡红生：《社会心态论》，中国社会科学出版社2011年版，第78页。

值目标而不懈地努力。没有付诸实践的价值追求是空想或者是价值追求不够强烈的表现。真正的价值追求都是三个方面的统一。"①

价值追求是社会主体以一定的价值观念为指导表现出来的价值倾向性，可以说在日常实践活动中，人的言谈举止都是在一定价值取向的关照下完成的。从职业的角度讲，教师的价值追求主要体现在其专业精神上，它是教师价值取向的主要内在驱动力。一般认为，教师专业精神的构成要素包括四个方面：(1)爱岗敬业：热爱教育、热爱学校、热爱本专业；有责任心、积极性；教书育人、培养人才；奉献精神。(2)热爱学生：热爱学生、关心学生；一视同仁；成功的期望；感情投资与感情回报，"亲其师，信其道"。(3)严谨治学：良好学风、刻苦钻研业务；拥有新知识、积极创新；探索教育教学规律、改进教育教学方法；提高科研水平。(4)为人师表：以身作则；团结协作、培养新生力量；廉洁从教；依法执教。② 教师的专业精神是其价值追求的灵魂，集中反映着教师的价值取向，有什么样的核心价值观就有什么样的职业道德，价值观的变化必然带来教师职业道德规范的变化，教师要有高尚的职业道德就离不开价值观的指引、推动、激励和鼓舞。一名具有积极价值观的教师能够认清遵守教师职业道德规范的必要性，主动积极地把职业道德转化为具体的行为，并能够较好地平衡、协调自己在教育场域内外的利益关系。

3. 人格特征

人格特征是教师价值取向中最核心、最稳定的构成要素。教师在教育过程中能否对学生充分发挥引领、导向作用，以促进学生的全面发展，不仅取决于其知能方面，非理性方面的素质更不容忽视，如心态、品行、人格等。已有的研究表明，当教师达到了必要的智力、知识水平，又具备了专业教育能力等素质以后，教师的人格就成为促进

---

① 王伦光：《论价值追求》，《社会科学辑刊》2006年第2期。
② 方晓义等：《中小学教师师德观的内隐研究》，《北京师范大学学报》（人文社会科学版）2002年第1期。

其主导作用发挥,影响学生学习与成长的重要因素。[①] 人格特质的表现形式通常是极为丰富的,一些特质是为一个群体或一个阶级所共有的,这样使不同群体之间既相区别又相关联成为可能。不同的群体,性格特质的结构形态不同,因而有些特质在有的群体当中更突出、更普遍、更深刻地起作用。同时,这种不同还表现在文化对人的要求和提倡上,不同的群体价值取向不同,性格特质在其根源上由文化规定。但也可以逆向阐述为:文化是性格的规定。人格的形成虽然是一个文化积淀的过程,但这并不意味着人格就是完全被动的。尤其教师群体,作为知识分子,相对而言具有较活跃的思维和自主的意识,他们的人格经由社会心态和价值追求等沉淀而成,最终升华为一种新的精神力量,反过来影响着自身的周边环境。这个逆向影响的过程就是人格发挥能动作用的过程。

(二) 教师价值取向的结构分析

个人价值取向的形成受社会价值导向的影响,所以分析教师的价值取向除了关注其内部的维度划分外,还要考虑它与外部社会环境的复杂关系。关于文化、人的社会心理以及人的选择活动的关系问题,韩庆祥曾提出"社会心理隐性决定论"的观点。这一理论认为,人的选择活动受双重影响:一是经济政治因素;二是人的社会心理及社会性格。经济政治因素是通过人的社会心理和社会性格而对人的选择活动产生影响的;人的社会心理和社会性格又对经济政治因素具有中介作用;人的社会心理和社会性格是文化的积淀,当文化积淀、融入并内化为人的观念之中时,就是社会心理,并最终形成社会性格,它直接影响甚至时常通过潜意识,隐性地决定着人的选择活动。用公式表示就是:经济政治——人的社会心理、社会性格——人的选择活动。[②] 综上,必须关注文化与人的社会心理和社会性格的关系,关注社会文

---

① 转引自吴安春、曹树《中学教师的人格发展特点研究及影响因素的研究》,《南京师大学报》(社会科学版) 1998 年第 2 期。
② 韩庆祥:《社会心理隐性决定论:文化、社会心理和人的选择》,《哲学动态》2012 年第 1 期。

化对人的选择活动的直接影响甚至在许多方面的隐性决定作用,以及文化在人的选择活动中的重要性。所以教师价值取向的研究必定要以教育场域为中介做到内外兼顾,既要依托一定的社会背景来把握社会主流价值观,也要关照到教师的生活。

首先,时代背景是教师价值取向形成过程中最外围的分析因素,但并不是说它不重要,恰恰相反,它是教师价值取向的底色,决定着教师价值取向的基本性质。一定时期的政治、经济、文化的基本状况总是通过国家意识形态、社会重要思潮和关键历史事件等方面不断地向日常生产辐射、渗透,最终作用于人们的思想观念。其次,社会主流价值观是依托于时代背景而存在的,规定着教师价值取向性质和方向。"观察一个社会有什么样的主流价值观,有一个很简单的方式,就是观察在这个社会中,有什么样的事情将得到利益上的最大回报。这个就是这个社会真正的主流价值观。"[①] 这一层面的分析主要集中在主

图 1-2 教师价值取向与外部环境的分析结构关系

---

① 赵汀阳:《说出来的价值观和做出来的价值观》,出自潘维、玛雅《聚焦当代中国价值观》,生活·读书·新知三联书店 2008 年版,第 169 页。

流的社会风尚、价值观等方面，以此来确定教师价值取向的基本性质与范围。最后，教师的生存境遇、生活样态是教师价值取向考察的必要关照面。教师以教育工作为职业，教育场域是教师的主要活动范围，所以教育的变革以及相关政策、制度的制定都会对教师价值取向产生直接的影响，如薪资待遇、职业定位、晋升制度等，这些方面关乎教师的生活水平与质量，对其思想、观念与行为起着决定性的作用。

第二章

中华人民共和国成立初期教师价值取向的国家本位

教育为工农服务，为国家建设服务是中华人民共和国成立初期教育的主旋律。"到祖国最需要的地方去"成为20世纪五六十年代最动听、最响亮的口号，宣扬了人们真挚地爱国情感。一切以国家的利益为本，是那个时代绝对的伦理道德标准，任何有违这一原则的行为都要受到谴责与批判。在这一背景下，人民教师作为教育的主体，在价值取向与言行举止中流露出强烈的国家本位。

一 新旧交替中的人民教师

中华人民共和国的成立开启了我国现代化历程的新篇章，在这样一个重大的历史转折时期，文化教育领域得到前所未有的关注。人民教师的整体状况关乎国家与教育的发展，教师队伍建设工作刻不容缓。

（一）教师职业的社会定位

1949年以后，在共产党的领导下，我国开始进入向社会主义过渡的新民主主义社会。人民教师的培养工作关系着社会的未来发展，因而必须与新民主主义教育方针相适应，以马克思列宁主义、毛泽东思想为参照，根据现实的社会需要形塑价值认同，力争让他们最大限度地为新社会的教育服务。

1. 新中国新教育

1949年9月29日，中国人民政治协商会议第一届全体会议通过了

《中国人民政治协商会议共同纲领》（以下简称《共同纲领》）。其中，文化教育政策（第五章）第四十一条明确规定了新时期的教育宗旨：

> 中华人民共和国的文化教育为新民主主义的，即民族的、科学的、大众的文化教育。人民政府的文化教育工作，应以提高人民文化水平，培养国家建设人才，肃清封建的、买办的、法西斯主义的思想，发展为人民服务的思想为主要任务。①

这一表述，实际上为新中国的教育发展定下了基调，确立了教育为人民大众服务的基本取向。1949年至1966年中，教育方针根据现实的需要发生过几次微调，但总的来说，教育为工农服务、为生产建设服务、为无产阶级政治服务的大方向始终没变。这一教育宗旨要求教师必须具有相应的服务意识和政治观点，树立革命的人生观，以积极向上的进取精神和饱满的热情投入到教育工作中，为社会建设服务，为国家培养有社会主义觉悟的、有文化的劳动者。

2. 红色的人民教师

人民教师这一称谓带有典型的时代特征，作为一种政治化了的社会身份，其隐含的意识形态因素让它远比看上去要复杂，其政治意义明显大于其实质性内容，至少可以从中剥离出三层政治定位。首先，"为了人民"的政治诉求。在当时的社会背景下，人民教师中的"人民"更多的是一种意识形态上的政治谋略，它勉励并要求教师积极主动、自觉自愿地改造自己的思想，以培养教师忠诚与奉献的革命品质。人民教师作为红色的教育革命者，忠于人民，为人民服务是最基本的政治素养。其次，"来自人民"的阶级属性。必须承认，在政治标准高于一切的社会里，政治身份往往对个体的发展起着至关重要的作用。"教师属于工人阶级的一部分"，这种"法定"的身份定位，让教师在心态与形象上有了很大的改变，变得意气风发。最后，"为人民师"的专业资格。"为人民师"是人民教师实现为人民服务的主要方式，解放之初整个国家的教育皆处

---

① 何东昌：《中华人民共和国重要教育文献（1949年—1997年）》，海南出版社1998年版，第1页。

于起步状态,面临着巨大的师资缺口。迫于现实的需要,他们在政治学习与思想改造的同时,集学校教学与社会教化于一身,既要完成学校中的教学任务,又要承担起文化扫盲与政治宣传的责任。总之,红色的人民教师是20世纪五六十年代对优秀教师的统称,泛指那些政治忠诚,工作勤勉,全心全意为人民服务的教师。其中,"红色"主要是指教师的政治立场,没有政治就没有灵魂,不存在政治之外的教育,但政治的教育如何实现,最终还是取决于教师。按照当时的观点,红色的人民教师应该做到"对学生全面负责,经常地用工人阶级的思想,用工人阶级的人生观和世界观来塑造学生"①。

(二) 人民教师的历史特点与思想改造

1. 教师队伍的历史特点

1949年中华人民共和国成立时,新政权对文化教育领域采取包下来的政策,除了对个别有严重反动品行和劣迹的教育工作人员进行清理之外,对大部分教师予以原职留用,对师范毕业生则统分统配、负责到底。解放之初,全国约有普通中小学专任教师90.3万人。由于当时的特殊国情,教师队伍比较复杂,且不说原职留用教师有新旧解放区之别,就是新入职的教师也是良莠不齐。为了应对日益扩大的教育需求,教师队伍迅速壮大,短时期内的数量膨胀必然难以同时保证质量。所以,数量短缺、质量不高、来源复杂是当时中小学教师队伍显著的历史特点。

中华人民共和国成立以后,在中国共产党的领导下,争取、团结一切爱国知识分子,改造旧教育,大力发展新民主主义教育,使教育规模迅速扩大,并逐步走了上健全、稳定的发展道路。1949年全国共有普通中小学在校生2471.9万人,到1960年在校生数量达到10405万人,虽然随后经历了饥荒与经济困难的波动,但在政府的及时调整、巩固下,人数再次上升,截至1965年全国在校学生人数已达到12554.7万人。短时间内大力发展教育的必然结果是教师数量的激增,1949年全国有普通中小学专任教师90.3万人,与学生人数变动相一

---

① 褚树森:《教师是学生灵魂的工程师》,《人民教育》1952年第11期。

致，教师数量在1960年达到一个高峰，总计311.9万人。1960年后略有减少，不过很快就恢复增长，到1965年达到431.4万人。① 中华人民共和国成立初期，为了政局的稳定和大力发展教育的现实需要，国家对知识分子采取了包下来的政策，这一政策使教师的工作和生活有了基本的保障，但在原职留用的同时，教师原有的思想观念、教学方式等也都不可避免地延续了下来。其中，一些旧的思想和方法，已经不再适应于新的政权和教育，中小学教师队伍也存在很多问题：首先，从专业技术的角度讲，他们的业务水平有限、教学思想陈旧、教学方法僵化。其次，从政治觉悟的角度而言，他们的政治意识淡漠，对无产阶级政治缺乏充分认识和了解。"特别是对于新的执政党和新的国家不了解，对于国家的外交政策不理解，最不满的还主要是文科教师，特别是国文、历史、地理和政治等学科教师受到的批判很多，所批判的问题多为新旧时代转型，教师对于在教学中贯彻政治思想、贯彻阶级思想、阶级斗争都很不得法、不得力。"② 最后，缺乏专业自主意识，旧的教学知识体系与方法陈旧，教师的教学中不自觉地会教给学生封建的，甚至是反动的思想观念。如何对待为这些旧政权服务过的教师，尤其是如何在短时间内迅速缩小旧知识分子与新政权之间的意识形态差距，团结、教育、改造，成为新旧交替之际摆在执政党面前的现实问题。这不仅关系到培养社会主义接班人的问题，更关系到整个社会的秩序重构。

2. 教师的思想改造与教育

思想改造，是以无产阶级共产主义的世界观来取代知识分子原有的资产阶级世界观，教师自己首先要成为一名马列主义者才能去教育学生，才能培养学生正确的人生观和价值观。中华人民共和国成立初期的中小学教师队伍的整顿工作是通过三个方面来进行的。

（1）改造思想，树立无产阶级的人生观。培养一支红色的人民教

---

① 数据来源：中华人民共和国教育部计划财务司：《中国教育成就统计资料（1949—1983）》，人民教育出版社1984年版，第22—23页。
② 隋子辉：《"无产阶级政治"指导下的北京市中小学教育（1949—1966年）》，首都师范大学博士学位论文，2012年，第76页。

师队伍的关键在于学习马列主义毛泽东著作,加强阶级教育。阶级教育是中国共产党的光荣传统,1958年,在中共中央、国务院《关于教育工作的指示》中明确规定,把阶级教育作为向学生进行马克思主义政治教育和思想教育的重要内容。教师作为教育的主体,他们的阶级觉悟必然影响着学生阶级观点的形成,因而在对学生进行阶级教育之前必然要加强教师的阶级教育。如在1960年,河北省阳原县有些教师怕做艰苦的工作,怕到山区去办学,个别在山区工作的教师要求调动工作。在先后组织学习了毛泽东的相关著作以及《为人民服务》《纪念白求恩》等文章后,教师们的思想觉悟有了很大程度的提高,积极要求到艰苦的地方去。①

除了思想上的阶级教育,劳动也是改造的重要方式,尤其是到了1958年"大跃进"以后至20世纪60年代中期这段时间,劳动人民知识化、知识分子劳动化成为整个社会明确的价值导向。知识分子劳动化的根本目的并不在于提高生产,其最根本的目的还是期望通过劳动来改造知识分子的思想,让具有小资产阶级倾向的广大中小学教师学习、体悟无产阶级的革命精神、树立正确的劳动观念,帮助国家培养有社会主义觉悟的劳动者。

(2)学习苏联经验,提高教学业务水平。20世纪60年代以前,与政治的步调一致,教育开启了全面向苏联学习的计划,从教学制度到教学方法都以苏联为蓝本。教师教学的重心虽然随着中苏关系的变化而处于知识技能与思想政治的摇摆中,但思想政治教育在教学中的重要地位却日益突出。1953年2月,毛泽东在中国人民政治协商会议第一届全国委员会第四次会议中提出:"我们要进行伟大的国家建设,我们面前的工作是艰苦的,我们的经验是不够的,因此要认真学习苏联的先进经验……无论共产党内、共产党外、老干部、新干部、技术人员、知识分子以及工人群众和农民群众,都必须诚心诚意地向苏联

---

① 《教育战线上的一面红旗——河北省阳原县是怎样普及小学教育的》,人民教育出版社1964年版,第40—41页。

学习。我们要在全国范围内掀起学习苏联的高潮，来建设我们的国家。"① 随后在2月14日，《光明日报》便发表了《掀起学习苏联的高潮》的社论文章。至此，学习苏联经验便在教育界全面铺开。1953年5月开始，教育界学习苏联如火如荼，不仅学习苏联教师的创造性、认真负责和热爱学生、热爱事业的专业精神，还要学习苏联教师的专业知能。一时间，各大书籍和报刊中大量刊载着苏联教育家们的教育事迹、教学思想，在课堂教学上尤其以凯洛夫的五步教学法影响最大。介绍苏联教育经验的成果也层出不穷，《更全面、更深入地学习苏联，进一步提高教学质量》《学习苏联课堂教学的经验》等文章在《人民教育》陆续刊发。

（3）在政治与经济上予以关照，提高社会地位。解放以前，中小学教师的地位并不算高，选择当教师一般都是为了生计，不得已而为之。斯霞在《我的教学生涯》中的一段回忆，为我们了解中华人民共和国成立以前中小学的教师社会地位提供了参照：

> 在旧社会，小学教师地位低下，我的堂祖父就说过："小学教师最没出息。"一般人也都瞧不起小学教师。有一年，我放暑假回乡。有人就很惋惜地说："好端端的一个姑娘，怎么去当小学老师呢！"……在这种社会风气的影响下，一些教师自己也看不起自己的工作。②

对教师的思想改造和业务提升不得不考虑到教师的现实生活条件，只有提高中小学教师的经济与政治地位，营造良好的舆论导向，才能从根本上转变他们的思想观念，提高他们的工作积极性。1956年小学教师的三低情况：待遇低、地位低、质量低，社会上轻视小学教师的现象得到了中央领导层的关注。1956年10月5日，《人民日报》根据读者来信反映，发表了《不许歧视小学教师》的社论。社论分析了歧视小学教师

---

① 《政治协商会议第一届全国委员会第四次会议闭幕》，《人民日报》1953年2月6日第2版。

② 斯霞：《我的教学生涯》，上海教育出版社1982年版，第7页。

的思想根源，提出要各方面努力，把社会上尊重和爱护小学教师的风气树立起来。此后，一些报刊也陆续展开了尊重教师的宣传。与此同时，一直到1957年初，一些省市纷纷召开教师座谈会，表彰长期坚持教育工作岗位的老师。[①] 这些情况反映了国家层面对小学教师的关心和重视，也为中小学教师社会地位的提高奠定了合法性基础。

  首先，提高教师的经济待遇。中华人民共和国成立初期，虽然在一定程度上相对重视教育与教师的地位，但出于政局稳定和恢复经济的考虑，在国计民生的安排上还是一切以国家利益为主导，教育经费不足是一个非常现实的问题，也是导致师资匮乏的重要原因之一。为了节省经费，在国家机关和事业单位中实行供给制和工资制并存的制度，不管是供给制还是工资制，所维持的生活标准，只能勉强达到温饱水平。虽然已经比1949年前有所改善，却并不能从根本上解决问题，中小学教师自然也不例外。1956年国务院《关于工资改革的决定》明文规定：在这次工资改革中，对于重工业部门、重点建设地区、高级技术工人和高级科学、技术人员的工资，应该有较多提高；对于现行工资待遇比较低的小学教职员、供销合作社工作人员和乡干部的工资，也应该有较多提高。待遇提高以后，为师者尊的社会形象已经具备了一定的经济基础，教师不再是穷酸的职业，而是具有一定的社会地位，变得令人羡慕。这种解放前后的对比也激发了教师的奋斗精神和爱国热情，使他们以更饱满的革命姿态投身到社会主义建设事业当中。

  其次，赋予教师合法的政治地位。工资改革后稳定而有保障的生活让教师职业的吸引力大幅上升，这在一定程度上对充实和稳定教师队伍起到了积极的作用。但是关于教师的政治身份认定一直存在不一致的声音，在相关的报刊中经常可以看到关于中小学教师是否属于工人阶级、小学教师的前途问题等议题。在这一情况下，为了统一认识，加强教师队伍的凝聚力，在提高教师物质待遇的同时，还十分注重给予他们精神上的认同，这一点在阶级斗争时代尤其重要。1949年11月2日，《人民日报》发表的《谈谈教育工作者工会》一文，初步指出教

[①] 中央教育科学研究所：《中华人民共和国教育大事记1949—1982》，教育科学出版社1983年版，第181页。

育工作者是工人阶级的一部分。1950年中国教育工会的成立,标志着教师作为脑力劳动者,其阶级成分与一般职员相同,皆属于工人阶级。1952年9月30日,教育部发出《关于人民教师应算为革命工作人员的通报》,指出:"人民教师应称为职员,是工人阶级的一部分。"[1] 1956年1月14日,周恩来在中共中央召开的关于知识分子问题的会议上作了《关于知识分子问题的报告》,分析了中华人民共和国成立后知识分子状况的变化,指出旧时代的知识分子,"他们中间的绝大部分已经成为国家工作人员,已经为社会主义服务,已经是工人阶级的一部分"[2]。这是第一次明确给出"知识分子的绝大多数已经成为工人阶级一部分"的政治定位,并提出了动员和发挥知识分子力量的相应措施。

经过相关的整顿和改造,中小学教师队伍迅速壮大,虽然在经济、政治地位上还不是十分理想,但与中华人民共和国成立前相比,已经明显改善,也算得上是一个比上不足,比下有余的职业:社会声望高于农民,不仅稳定而且拥有升迁机会,这些因素导致教师职业的吸引力迅速增强。加之当时中小学教师的入职门槛并不高,只要在政治上不反动,且稍受过一点教育即可胜任。所以,师资短缺的状况迅速缓解,大批的社会失业人员补充进来。

二 人民教师的奉献取向

教师的思想改造工作自中华人民共和国成立以后就不曾间断,它构成了特殊年代人民教师形象塑造的底色,集体主义和爱国主义教育是其中的主色调。集体主义和爱国主义是马克思主义意识形态的核心内容。作为一种价值取向,积极的心态,服务奉献的追求以及理想主义的人格是它重要的表现形式。

---

[1] 何东昌:《中华人民共和国重要教育文献(1949年—1997年)》,海南出版社1998年版,第168页。

[2] 中央教育科学研究所:《中华人民共和国教育大事记1949—1982》,教育科学出版社1983年版,第153页。

（一）感恩与满足

教师的社会心态是教师价值取向形成不可或缺的心理基础，有什么样的社会心态就有什么性质的价值取向。中华人民共和国成立初期的教师群体在思想改造与学习中，对国家产生了感激与内疚的情感，这种精神状态是他们"为人民服务""为国家教育事业奋斗"的内源性力量。

1. 强烈的幸福感与拳拳报国心

幸福是一个极具可比性的概念，处于新旧交替中的人民教师正是通过对新中国与旧社会的强烈对比中，体味到当下生活的幸福。他们把这种幸福的获得归功于中国共产党的领导，也正是这种感激与满足的心态，奠定了他们国家取向的基础。为了报答党和国家的恩情，他们把对国家的感激化作无尽的激情与动力，忠诚于党的教育事业，勤奋自律。下面这一案例就很好地表现了教师对国家的感激之情：

> 在旧社会里，我们是受着人家歧视的，是根本没有地位的"教书匠"，工作得不到保障，常常被排斥。可是，在人民政府和毛主席领导下的新中国，那些日子已是一去不复返了。我们的政治地位有了提高，我们的工作有了保障，我们还到处受到人民的敬爱。他们称我们为人民教师，是工人阶级的一部分，同时，我们也是工人阶级所借以实现其对国家领导的极其重要的助手。国家的将来在极大程度上都取决于教师的品质。这是多么，多么伟大而又艰巨的任务呵！目前祖国的财政经济虽然还有很多的困难，我们的物质待遇已在逐渐提高，我们的生活经常受到祖国人民的关怀。我们没有别的感谢，我们只有向党向毛主席保证：
>
> 一、加强学习，积极投入思想改造运动。
>
> 二、献身祖国，搞好乡村的教育工作，对儿童的教育要耐心，对任何工作一定要主动。
>
> 三、在工作中不动摇，真正树立起为人民服务的思想，服从祖国的号召，祖国需要我们干什么，我们就干什么。

四、搞好团结，把人民的事业放在第一位，去掉自私自利的思想。①

另如，育英学校的荣跃华（1961年参加工作）老师的回忆，也是这种感恩心态的贴切注脚：

> 我从小就有报恩的思想，觉得自己的一切都是共产党给的，没有共产党就没有我的今天。我出生旧社会，长在红旗下，从小受苦，中途辍学三年，初中毕业保送上了师范。一切费用都国家包了。我暗下决心一定好好干，多苦多累，也不怕，不辜负党的多年培养和教育。②

教师对国家的赤诚与认同的确是在感受到新社会的变化与进步时油然而生的，但也有思想改造强化的结果。对于从旧中国走来的教师而言，他们曾经一路风雨，特殊的生活经历与苦难体验富含历史与教育意蕴，后来经过思想改造、政治学习和具体事件来充分激发教师们的社会情绪，将苦难变成财富，不仅催生了教师群体内心的感激之情和政党认同，而且还有效地巩固了新政权。历经这一过程的教师，在自己的教学中也能活学活用，通过新旧社会的对比感同身受地培养学生对祖国的热爱。

> 张瑾瑶，1952年人民解放军转业后回故乡山西平定县当了山村小学教师，在课堂上，他给学生讲自己在苦水中泡大的童年，学生则用自己的童年来比张老师的童年，越比越觉得自己太幸福了；越比越懂得了这种幸福是党和毛主席领导全国人民艰苦奋斗的结果，是革命先烈、革命前辈们用血汗换来的；越比越由衷地

---

① 四川省江北县第七区木耳乡小学教师暑期学习第二组全体组员：《感谢国家对人民教师的关怀》，《人民教育》1952年第10期。
② 杨小平：《难以忘却的记忆——育英学校红色园丁颂》，内部资料汇编·未出版，第43页。

> 热爱党,热爱毛主席,热爱社会主义,越仇恨万恶的旧社会,仇恨阶级敌人,越要好好学习,当毛主席的好学生。①

中华人民共和国成立初期教师们的爱国主义精神不是凭空产生的,而是有着深厚的现实与心理基础。一方面中华人民共和国成立后的安定生活和政策关照为这种爱国主义情怀提供了生长的土壤,面对蒸蒸日上的祖国和充满希望的生活,很多教师爱国情感得到激发,怀着无比激动的心情,誓为党的教育事业奋斗终生,"把青春献给祖国教育事业""一切为民族"等报国热情也应运而生。另一方面国家对知识分子群体有意识地教育改造工作也为良好社会心态的产生与巩固起到了积极的推动作用。

2. 深重的负罪感与默默奉献情

中华人民共和国的成立,的确给教师带来了期盼中的美好生活:社会和谐、工作稳定;地位提高,境遇改善。但在欣喜、激动的同时,教师的心理也是复杂而矛盾的:他们既享受着革命胜利果实,为祖国的繁荣、教育的发展感到高兴,也为自己的小资产阶级基因而感到愧疚和忧虑。特别是在一连串的思想改造运动之后,这种负罪感日益深重,总觉得是自己亏欠了国家。季羡林在《我的心是一面镜子》中回忆自己在中华人民共和国成立初期思想改造时的心理状态,反映出了大多数知识分子当时的心境:

> 我享受着"解放"的幸福,然而我干了什么事呢?我做出了什么贡献呢?我确实没有当汉奸,也没有加入国民党,没有屈服于德国法西斯。但是,当中华民族的优秀儿女把脑袋挂在裤腰带上,浴血奋战,壮烈牺牲的时候,我却在追求自己的名利事业。天下可耻事宁有过于此者乎?我左思右想,沉痛内疚,真心的觉得自己百无一用,一无是处,觉得自己有罪,认为知识分子真是不干净,我背着"原罪"的十字架,虔诚地改造着自己的资产阶

---

① 荆世华、骆士正:《红色的山乡教师——张瑾瑶》,《人民教育》1964年第12期。

级思想,我处处自惭形秽。我当时最羡慕、最崇拜的是三种人:老干部、解放军和工人阶级。对我来说,他们的形象至高无上,神圣不可侵犯。在我眼中,他们都是"最可爱的人",是我终生学习也无法赶上的人。带着这种"原罪"的情绪,对思想改造运动是衷心拥护的,对自己的批判与反思也是真诚而彻底的,仿佛变成一个基督教徒,怀着满腔虔诚的"原罪"感,好像话越是激烈,我越感到舒服,我舒服得浑身流汗,仿佛洗的是土耳其蒸气浴。大会最后让我通过以后,我感动得真流下了眼泪,感到身轻体健,资产阶级思想仿佛真被廓清。①

为了消弭内心这种原罪意识,他们自觉地以无私奉献的精神来回馈国家的恩惠。当时国家对师范学校毕业生是有服务条件要求的,但并没有成文的规定,具体的服务条例在地方是有差异的,如北京、西南、青海规定为两年,东北、内蒙古规定为三年,倡导师范毕业生应该要急公好义的响应国家号召,为人民教育服务。虽然待遇不好,但鉴于当时的国情,大家普遍认为为了祖国,暂时苦两年是值得的。祖国的需要就是自己的志愿,是每一个师范毕业生的真实写照。理解国家的困难,为了国家可以委屈自己。把国家的需要和自己的前途统一起来,工作的重要性不是以工资的标准来衡量,而是以能否适应国家需要来定夺。教师们也非常理解国家的经济财政困难,很多革命干部的工资还不及技术工人的工资高,但这说明不了什么。况且大家始终都坚信,工资低只是暂时的,为了国家的发展牺牲个人利益是义不容辞的责任。所以不难理解,为什么在条件艰苦的 20 世纪五六十年代,教师们的工作热情那么高涨,他们都抱着"把青春献给祖国教育事业"的决心参加工作。"我敢说每个教师都有这样的决心,我清楚记得一位老师的口头禅是'活着干,死了算',人们像机器一样不停的运转,加班加点、放弃节假日休息已习以为常。"② 正是无私奉献的精神支撑着

---

① 季羡林:《牛棚杂忆》,武汉出版社 2011 年,第 166 页。
② 杨义敏:《回到海西:一位知识分子七十年的沧桑记忆》,文化艺术出版社 2010 年版,第 129—130 页。

人民教师饱满的工作热情，谱写了那个时代的师者乐章。

3. 深刻的自豪感与艰苦奋斗志

认识到教师职业的伟大和光荣，是教师产生职业认同的必要前提。在中华人民共和国成立之初，受旧社会的不良风气影响，人们对中小学教师的认识并不客观，在很多人心中仍然存在"当老师没出息"的思想偏见，包括很多教师自己也自轻自贱，对教学工作抱有这种不良情绪，如畏难情绪和自卑心理等，无法全身心地投入工作，严重影响了教育的发展。中华人民共和国成立以后，为了扭转旧社会对教师的负面批评，对知识分子采取了"争取、团结、教育、改造"的方针，明确界定教师的政治身份，强调"教师是工人阶级的一部分"。与此同时，通过重要媒体的大力宣传，集中指出："新中国的人民教师是极其光荣的称号，他们肩负着教育新时代的崇高责任，是人民政府联络群众的有力助手，是政府政策的宣传员。旧社会遗留下的轻视小学教师的心理和行为必须大力纠正。"① 并在各报刊中开辟专栏对轻视中小学教师的行为予以批评和纠正；对人民教师这一职业的意义与作用展开讨论等，这些举措为中小学教师营造了一个积极向上的舆论环境。

总之，经过党和政府一系列的整顿和改造，大部分教师已经成为国家工作人员，成为工农阶层团结的对象。这些变化，很多教师都有切身体会，1957年小学教师陶淑范在第一届全国人民代表大会第四次会议上的发言中表示："解放后，党和政府是重视小学教育的，首先是称呼我们为人民教师，是灵魂的工程师，把我们列为工人阶级的一个组成部分，我们教师的劳动也受到了国家的尊重，我说的这些，全国小学教师都是见证人。"社会地位的提高，意味着教师的劳动得到了社会的尊重和承认，也让教师在心理上对自己的职业有了认同与归属，在很大程度上激发了教师群体革命参与的热情。

> 朱士明，河北省顺义县模范教师，高小毕业，担任一年级的功课还有困难。可是他想："我是新中国的人民教师，在共产党的

---

① 张若奚：《全力为祖国培养新的一代》，《人民教育》1953年第1期。

领导下，没有战胜不了的困难。自己能力不够，就应该努力学习"。"一切为了祖国"是最大的推动力量……眼看着自己亲手培养起来的孩子，在天天成长起来，能为祖国的建设事业而献身，使我深深的体会人民教师是光荣的。①

这种心态在当时的教师群体中是占主流的，每个教师都为国家的重视和信任而倍感欢欣鼓舞，从而树立起为社会主义教育事业艰苦奋斗的志向。

(二) 人民教师为人民

在"建设新中国"的口号下，把热爱祖国之情，都倾注到学生身上，全身心地投入到祖国的教育事业当中，培养祖国的花朵。爱岗敬业，热爱学生是对爱祖国最好的寄托，在这一代人看来，作为一名教师首先是要忠诚于祖国的教育事业，在敬业奉献的职业追求中完成教书育人的历史使命。作为价值取向的外在表现，价值追求主要存在认知、情感与行动三种形式，清醒的认知、坚定的情感和执着的行动是价值追求从思想到实践的必备条件，任何一种稳定的、付诸现实的价值追求都离不开这三个方面的共同作用。

1. 无私无己的职业认知

职业认知主要包括责任心和归属感两个方面，每个人对自己从事的职业都有一个基本的认知。在那个耻于言利的特殊时期，教师的职业认知中的自我意识很容易被消解掉，只讲责任，不问回报。人民教师就是要"甘当人民勤务员"，这是一种无私无己的职业，它要求教师做到大公无私、舍己为人。做教师要有责任心，这种责任不仅是对学生，更是对社会和国家的。正如教师代表史瑞芬同志所说："我们要建设好我们新民主主义的祖国，还要使我们的国家进步到社会主义，这是我们努力的方向。你的工作，我的工作，所有同志的工作都是属于我们整个革命事业的一部分。请记着，如果，不能完成我们每一个人的工作，我们多多

---

① 江苏教育编辑部：《小学教师自学经验谈》，江苏人民出版社1955年版，第25页。

少少便会影响到整体。我们工作的重要意义，便在这里……我的工作，哪怕我对学生讲一句话，我将不只是面对着几个学生，而是面对着整个的国家和人民。想到这里我深感自己是光荣的，而我肩膀上的担子也是沉重的。"① 中华人民共和国成立初期的教师群体把"人民教师"这一光荣称号当作历史的重托和毕生的追求，在这种信念的支撑下，他们在工作中付出的不只是岁月和体力，更有全部的智力和情感，全身心的投入与付出。基于无己无私的职业认知，"革命第一，工作第一，他人第一"是中华人民共和国成立初期每名教师心中的道德信奉：建设社会主义是每个人不可推卸的责任，做好本职教育工作是对国家与人民负责，更是对历史负责。作为人民教师，只有把教学看作党和国家交给教师的光荣任务，把自己的工作与国家的建设联系起来，做到全心全意为人民服务，才能得到社会的认可与尊重。以优秀教师史瑞芬为例：

> 史瑞芬 1950 年 4 月 1 日拿着文教科的介绍信到清水塘办学，初到清水塘曾有过激烈的思想斗争，我问我自己："我是谁派来的？"我不由得想起我接受任务的那一天，系文教科姚科长在宣布了我的职务以后，就握着我的手，要我好好干！如今，激动的心情，还在我的心里发烫，我不能忘记：我是人民政府派来的，在人民政府领导下的一切干部，都应该全心全意为人民服务。我是人民的教师，国家交给我的任务，不光是要我张罗些板凳，弄些粉笔，漆个学校的招牌，而是要我全心全意地培养下一代建设国家的人才……我应该留下！留下！留下！我还要叫全村庄户兄弟们知道：今天的"识字先生"不比过去的"识字先生"。劳动人民养活了我，我才能够上学识字，我不能忘本，我应该为劳动人民办事。②

"我是人民的教师"的价值认知是鼓舞他们"为劳动人民办事"的精神力量，于是无怨无悔地投身于革命事业与祖国建设，把自己的

---

① 梅汝恺：《我在清水塘》，江苏人民出版社 1953 年版，第 13—15 页。
② 梅汝恺：《我在清水塘》，江苏人民出版社 1953 年版，第 4—5 页。

全身心都献给人民的教育事业。

2. 国比家大的政治情感

20世纪50年代是一个先国家后个人,先生产后生活的时代,国家至上成为一种普遍的道德原则规约着社会中的一切组织和个人。在这种大环境下,革命工作没有高低贵贱之分,评价一个职业重要与否的标准是国家利益,只要国家需要,做什么都是有意义的。人的能力是存在个体差异的,只要有着全心全意为人民服务的热忱,尽自己最大的努力恪尽职守,每个人都有机会发挥贡献祖国的力量,成为有益于人民的人。受这种社会风尚的影响,每一位普通的教师都有着极高的政治觉悟,深刻地认识到自己的职业与国家建设的内在关联:

> 社会主义建设不是抽象的,而是由一个个具体的工作组成的。我们应该知道,在我们人民的国家里,任何劳动,任何工作,都是整个伟大建设事业不可缺少的一部分,因而都是光荣的,有伟大意义的。我们必须把每一件具体工作联系到整个社会主义建设上来认识,提高我们的思想觉悟,摆脱庸俗的事务主义,然后才可以在日常工作中显出奇迹,在"平凡"中显出不平凡。就拿当教师来说,不是也有我们的许多优秀人物么?他们并没有因为干的是"平凡"工作就碌碌无所表现。如果按照计划在五年内培养出十万名左右中等教师,我们可以想象这一支庞大的教育大军在整个国家建设上会发挥多大作用!一个忠心耿耿的人民教师,以忘我的劳动热情,给祖国培养出一批一批的建设人才,一批一批的社会主义的新人,这对于祖国的贡献是无可估量的。①

满足国家的需要就是最大的自我实现,这是当时新政权对教师的价值期待。对于一个处于新旧交替之际的政权而言,没有什么是比稳定更重要的事情,因此培植广泛的政治认同,以提高全民的政治素养成为思想改造的首要任务。对知识分子的团结、教育、改造工作实际

---

① 嵇文甫:《把一生献给人民教育事业》,《人民日报》1954年6月21日第3版。

就是要采取适当的方式形成对其价值上的建设与引领，使之认同新的社会制度，并确立为新社会服务的政治立场。通过不断学习与改造，越来越多的教师意识到自己的"提高和进步应该完全归功于伟大的共产党、人民政府……我们不应该要求上级对自己有什么特殊的培养，而应该检查一下自己对人民的贡献如何"①。这种"不要问国家给了我什么，而是要问自己能为国家做什么"的家国情怀和思想觉悟，是当时那个激情岁月中的价值灯塔，指引着人们的思想与行为。

教师群体"忧国不谋身"的价值追求不仅停留在思想上，而且体现在具体的职业生涯中，在教学中他们仍然把国家利益放在首位，主动传播社会主义政治文化。能否自觉地把自己的政治立场贯穿在课堂教学中，在当时是判断一名教师是否合格的基本标准。为了让更多的教师满足革命的政治期待，除了思想改造工作之外，国家还通过自上而下的方式潜移默化地把政治标准渗透进教师培养各个环节当中，塑造他们国家至上的政治情感。一位在师范院校工作的老教师的教学细节就很好地反映了当时的情况：

> 教儿童图画，一定要根据他们的兴趣和生活选教材，结合实际进行思想教育。如果教城市儿童画苹果，只问他好看不？好吃不？什么颜色的？那只能达到形象与颜色的教育目的，只能灌输欣赏和享受的思想，是无益的，必须进一步的引申：苹果是谁种的？种树的工具是谁制造的？教育他们热爱工农，告诉他们如果没有劳动人民就看不见更吃不到美好的苹果……我必须好好学习掌握正确的立场观点方法，否则就直接影响这四百多师资，间接影响若干儿童。②

以这种政治化要求培育出来的人民教师，在自己的教学实践中必然会自觉地把这种政治化的教学方式延续。以下是一个小学教师对自

---

① 江苏教育编辑部：《小学教师自学经验谈》，江苏人民出版社1955年版，第31—32页。
② 萧南：《一位美术老教师》，《人民日报》1949年12月27日第6版。

己教学过程的总结与反思，从中可以窥见课堂教学中的意识形态色彩，以及教师对社会主义政治文化的认同态度和传播意图。

> 我对小学生进行思想政治教育，主要是依靠课堂教学。我认为国语教学尤其重要。因为低年级国语教材内容虽然简单，但它接触面比较广，有自然知识，也有社会知识，而每一课都具有明确严肃的思想内容。在教学中掌握教材思想内容，用正确的立场、观点来教育学生，就是我在教学中最注意的问题。譬如一年级讲爱父母的时候，我便树立儿童从爱父母的每天劳动，对子女、对家庭、对国家和人民的贡献来爱父母的新道德观点，而批判纠正"百善孝为先"的反动的封建思想的影响。讲"工人日夜忙"时，则使学生认识工人如何以主人翁的姿态，积极从事劳动的热情，以及他们对祖国对人民的伟大贡献，来热爱工人。而避免强调工人日夜忙，使学生造成"工人苦"的错误印象。①

3. 艰苦奋斗的社会实践

在以激情和奉献为主旋律的年代里，人们对教师的社会期望也水涨船高，这使得教师的工作异常繁重。教师的任务不只是教书育人，还要服务社会、协助管理、参与政治等。因而教师既要教学，又要自学；既要忙教学，又要搞生产；既要宣传革命，又要协助中心工作……凡此种种，不一而足。中小学教师的忙累现象，在中华人民共和国成立初期相当普遍。很多教师，特别是农村教师迫于革命工作的需要往往需要身兼数职，教师的责任远远超出了学校的范围，"工作无边界"是这一时期成立初期中小学教师的一个主要特点。教学以外的工作，不管是自愿帮辅，还是被动调遣，大多数中小学教师都会自觉地把它看作分内之事，因为这些都是国家社会主义建设事业中的一部分。南京汇文女中教师陆连立在被调遣到农场搞园艺工作时就发出这样的感想："国家正需要大批的师资来培养人才，因此我们在教育工作

---

① 孙淑芝：《我怎样对低年级学生进行思想政治教育》，《人民教育》1952年第3期。

岗位上的老师们，应该在为国家培养人才的长远利益出发，不应该由个人名利来考虑问题，领导上需要我们到哪里，我们就要到哪里，只要我们能深刻体会为人民服务的深刻意义，那在任何岗位上都应该安心工作。"① 在这种国家利益至上的价值情感的渲染下，大公无私的价值行为很容易发生。在具体的社会实践中，主要体现为勤俭节约和自力更生两个方面，但不管是哪一方面，都是出于为国家排忧解难而发生的。

中华人民共和国成立初期，学校在校舍和设备方面都是采取勤俭办学，因陋就简的原则，没有校舍，就依靠群众，师生动手，劳动建校，或者暂时用废弃厂房、破庙上课。很多地区的师生都不怕苦、不怕累，以肩挑背扛的方式建起了学校。利用课余时间和劳动课整修，老师当泥匠，学生当小工，没有操场自己铺。自制扫帚、黑板擦等生活用具，能省就省，自力更生，能少花就少花，能不花就不花。没有桌凳，就用土炕或者垒泥台来代替；没有粉笔，就用白土子来代替；没有柴烧，师生就上山自己打柴。在克服困难的同时，还始终注意开展勤工俭学活动，积极创收。② 以自力更生的方式身体力行地践行着革命理想，减轻国家负担。很多教师甚至拿出自己那点微薄的工资来补贴学校，帮助生活上有困难的孩子。

时至今日，很多教师感怀那个时代，不是因为优越的物质生活条件，而是充满朝气和拼搏进取的精神生活，虽然艰苦、忙累，但内心丰盈。

（三）理想主义的人格特征

人格与价值取向的关系密切，是价值取向系统中最核心、最稳定的部分。精神分析学家艾布拉姆·卡迪纳（Abram Kardiner）的价值与人格研究表明，价值体系的传播只有在与人格相吻合的情况下才可以发生，这意味着我们无法将一种与人格结构不匹配的新的价值体系介

---

① 陆连立：《我愿到农场去搞园艺》，《人民教育》1952年第11期。
② 《教育战线上的一面红旗——河北省阳原县是怎样普及小学教育的》，人民教育出版社1964年版，第23—24页。

第二章　中华人民共和国成立初期教师价值取向的国家本位

绍进来。① 每种价值体系都会形成自己的理想人格,"诚意正心,修身齐家,治国平天下"是传统儒家价值体系知识分子理想的人格结构。中华人民共和国成立之后,伴随着传统宗族社会的瓦解和革命价值体系的确立,以往的那种以宗族关系为基础的士人理想人格也必然发生转变。知识分子人生价值的实现不再是由家到国,而是以国为家,价值追求的重心从建设家庭转移到服务社会,产生了以尽社会责任为中心的人格形态。在共产主义信仰体系中,为革命的教育事业而奋斗终生就是人民教师的一种理想人格。有理想、有激情、无私奉献、朝气蓬勃的教师队伍是中华人民共和国成立初期人民教师给我们留下的深刻印象。理想主义的人格特征是教师国家取向的结果,体现了对革命的无比热忱,对党和国家的绝对忠诚。

1951年10月23日,毛泽东在全国政协第一届第三次会议讲话中指出:"思想改造,首先是各种知识分子的思想改造,是我国在各方面彻底地实现民主改革和逐步实行工业化的重要条件之一。"② 在这之后,知识分子的思想改造运动便从高校发起,一路向下,延展到各级学校中,从大学的高级知识分子到中小学的基层知识分子大面积地开始了改造思想的学习运动。期间,根据中央的相应指示,各级学校适当地结合土改、批判"武训精神","三反"运动(反贪污、反浪费、反官僚主义运动)等形式将思想改造具体化。大运动套着小运动,是当年思想改造运动的一个重要特点。思想改造的过程就是用集体主义、爱国主义进行教育、感化的过程,用共产主义的价值体系把人民教师形塑成为具有理想主义人格特征的进步知识分子。

三　人民教师的思想形塑

回顾十七年的教育状况及当时广大的中小学教师,总会想到一种

---

① 转引自李亦园、杨国枢《中国人的性格》,中国人民大学出版社2012年版,第40—41页。
② 刘英杰:《中国教育大事典1949—1990(上)》,浙江教育出版社1993年版,第258页。

让人动容的奋斗与献身精神。但同时我们也意识到，解放初的人民教师群体也存在着无法超脱的时代困境，他们有着革命的激情和理想，有着矢志不渝的奋斗精神，却放弃了对自由思想和独立人格的追求，忘记了自己作为知识分子的责任，对政治的投入与对专业的疏离形成了强烈的反差。对 20 世纪五六十年代人民教师的时代群像作适当还原与学术分析，是对历史的必要开掘与尊重，更意在为我们当下的教师发展提供有益的思考，其中的经验与教训都是当下重塑教师社会形象的有力支撑。人民教师的激情、奉献与奋斗是岁月沉淀给后人的时代印象，成为"解放一代"的重要标识，这种充满理想的时代群像本身是无可指摘的，并且具有积极的社会意义。但任何事情发展到极端都往往会适得其反，很多时候理想的色彩过于浓烈反而会冲淡甚至消弭崇高的味道。主要教训在于其思维方法、评价标准以及践行方式上的政治化、非理性化倾向。

在考虑人民教师形塑的问题时，表现出形而上学的思维方法，主要从即时的政治与经济需要出发，对教育的发展规律和教师劳动的生产性特点没有足够认识。社会的现实需要的确是教育的发展动力和教师的服务基点，但这并不意味着教育可以沦为政治与经济的附庸。教育相对社会发展具有独立性，促进个体的发展是教育的内在规定，其中教师主体作用的发挥是保证教育是其所是的关键力量，但国家在思考对人民教师进行形塑时，没有突出教育的发展规律和教师劳动的主体性特点，而是从当时政治与经济的需要中直接演绎出教育的工具价值和教师的服务属性，忽视了教育规律和教师主体地位。在这种静止、片面的思维方式的指导下，看不到教育的长效性，也遮蔽了教师劳动的生产性和创造性，不利于教育与教师的可持续发展。

形塑人民教师的评价标准政治化，没有处理好红与专的关系问题，模糊了学术与政治的边界，虽然激发了足够的建设热情，却并未充分发挥教师作为知识分子的专业优势。教师职业的社会功能是双重的，既有价值和精神功能，凭借道德与担当指引社会的发展方向；又有物质和技术功能，运用专业知识输出服务国家的建设人才。在教育实践中价值与工具、道德与知识两个维度是相互融合、共同起作用的，若在教师培养中简单用一元化的标准来要求、衡量教师，势必会造成教师的片面发展。如当时知识分子劳动化、工农化等诸多提法，本意是要实现理论与实践的统一，但在教育生活高度政治化的条件下，所谓的"红"在执行过程中逐渐成为衡量一个教师是否忠于革命的唯一标准，专业标准被淡化，"又红又专"最后发展为"以红代专"。评价标准的政治化不仅导致教师的学术身份遭到政治身份的挤占，而且也使他们的性格越发保守，缺乏批判精神。

形塑人民教师的方式存在非理性化倾向，直接以政治运动的方式作用于教师群体的思想改造，方式简单，急于求成。尽管中共中央多次在相关文件、指示中强调在知识分子的思想教育工作中要避免出现简单粗暴的极端做法。但实践中仍然存在诸多把思想批评、学术论争上升为政治批判的过度斗争现象。由于对教师思想观念等方面认识不足、要求过高，加上急于求成的心态，没有始终采取、贯彻和风细雨的教化方式，导致思想改造和教育运动日趋激烈化，在改造过程中出现了打击力度过大、简单定罪和硬性达标等一系列问题。

通过加强对教师的思想政治教育和价值引导来促进教育发展与国家稳定，是历史留给我们的宝贵经验。同时，也是鉴于历史的教训，对教师的思想政治教育务必要注意克服方式、方法上的强制性倾向，只有以教育规律和心理认同为基础，才能从根本上提升教师的综合素养，匡正教师的价值取向，进而形塑教师良好的社会形象。

中华人民共和国成立初期，在执政党的领导下教育事业进入了平稳、有序、快速发展的小阳春时期。1966年"文化大革命"于文艺界发起，生活秩序的高度政治化对教育工作及教师的生活带来了巨大的冲击。回望那段历史，革命群众的激进与盲从，教师群体的怯懦与隐忍，无不令人唏嘘，这些社会现象既是我们关注现实的参照，也是我们对历史加以反思与追问的起点。人性在很大程度上是中性的，没有与生俱来的善恶，而是取决于其生长的制度环境，是文化、教育等多种因素合力的结果。所谓好的制度教人向善，坏的制度诱人作恶。但人作为社会实践的主体，并不仅仅是被动的适应既有环境。教师群体坚定的革命信念可以增强个体忍受艰难困苦的能力，是一种不可忽视的精神力量,它会让一切困难弱化,如果心中有信念,再苦再累都会甘之如饴。特殊时期,很多教师仍然赤诚地奉献着自己,为了国家的教育事业孜孜矻矻,无怨无悔。在生活中始终把革命信念和集体利益放于首位,这些教师的可敬之处在于他们不顾个人得失的品质,在高压的政治环境中冒着被批判的风险,创造机会向学生传播他们认为应该学习的知识。据北京景山学校一位毕业生回忆,1967年复课之后学校很多方面都不尽如人意:教学秩序散乱、师生关系错乱、教学内容死板。老师们虽然积极拥护复课的决定,想要为国家培养合格的接班人,但怎奈物力与人力都不到位,不仅没有安稳的教学秩序,而且学生也早已无心向学。如何打开学校复课闹革命的局面,为国家培养合格的社会主义接班人成为压在教师肩上的一副重担,虽然任务艰巨,却义不容辞、不可推卸,极大地考验着教师的专业精神。很多教师面对困难不辱使命,在课堂上充分发挥自己的专业自主意识,运用教学机智借毛泽东思想做文章,采取迂回的方式遮遮掩掩地向学生传递一点"改装过的知识"。如在面对批判"孔孟之道"的政治任务时,一位语文教师并没有采取常规的大批判做法,而是见机行事,采用明修栈道,暗度陈仓的方式,要求学生"知己知彼"深入了解对方的思想、言行,并借机大量印发《论语》《孟子》选段,在课上逐字逐句地讲解,变相地把"大批判"给改成了"古文选读"。能够心领神会的同学也就此打下了扎实的文言文基础。对于能够背诵全文的同学,教师也会"合时宜"地评价学生"已经掌握了敌人的全部罪证,具备了批判者的资格"。[①]在逆境中坚守,与困难周旋,摆脱过度干涉,这既是一种职业操守,更是一种道德勇气。为了完成培养接班人的任务,他们顶着巨大的政治与心理压力,坚持把更多的知识教给了学生,行为可敬,勇气可嘉,智慧可赞。

[①] 贺鸿琛、范禄言:《悠悠岁月教改情:北京景山学校40周年校庆回忆文集》,人民教育出版社2000年版,第364—365页。

第三章

改革开放初期教师价值取向的知识维度

党的十一届三中全会以后，我国在以邓小平为核心的党中央领导下迅速走出历史的阴霾，迎来了改革的春天。社会各个领域百废待兴，学校教育作为国家意识形态生产与传播的重要形式，其在社会恢复与发展中的重要作用备受关注，如何为国家培育"四有"新人以满足经济建设的需要成为当时教育的首要任务。对人才的要求就是对社会的要求、对教育的要求、对教师的要求。教师作为人才培养的前提力量，他们的价值观念对人才的养成至关重要，深刻影响着教育乃至社会的发展方向。

一 现代化进程中人民教师的成长环境

改革开放之后的思想解放运动从根本上摆脱了精神上的枷锁，人们的思想获得了空前解放，主体地位得到凸显，权利意识开始显现，革命的时代已经过去，恢复、发展与建设成为新的时代主题。

（一）改革开放之初的思想解放

历史上的每一次思想解放必然伴随着人生观与价值观的转变。改革开放之初的思想解放也是由这两部分组成：一是真理标准大讨论，以自上而下的方式解决了宏观的价值观问题；二是潘晓讨论，由自而上的方式解决了具体的人生观问题，这两个讨论前后继替，不断深入，相互配合着完成了中国人思想上的拨乱反正。

1. 关于真理标准问题的讨论

1977年中共十届三中全会通过了《关于恢复邓小平同志职务的决议》，决定恢复邓小平中共中央副主席等职务。邓小平复出以后，首先对科教文化领域进行拨乱反正，目的是以知识分子为突破口引领、带动其他各个领域的思想解放。为了彻底解除"两个凡是"方针对文化思想领域的禁锢，促进拨乱反正的顺利进行，1978年5月10日，中央党校内部刊物《理论动态》首先刊登了《实践是检验真理的唯一标准》的文章。第二天，《光明日报》头版以"特约评论员"的名义发表了这篇文章。随后，全国各地媒体相继转载、报道。文章鲜明地指出，检验真理的标准只能是社会实践；理论与实践的统一是马克思主义的一个最基本的原则；任何理论都要不断接受实践的检验。① 文章以官方的立场纠正了"两个凡是"的偏颇，摆脱了浪漫主义的乌托邦思想，强调认识对实践重大意义，一经刊出便在全国范围受到普遍关注并引发讨论，在客观上促进了思想解放运动的展开。这场大讨论，是对文化专治思想禁锢的否定，唤醒了人们对真善美的追求，让人们重新认识了马克思主义和毛泽东思想，促进了全国性的马克思主义思想解放运动的形成和发展。文章作者胡福明先生在30年后回忆时认为，这篇文章所起的作用就是讲了人民心里的话、反映了人民的心声、反映了时代的要求，从而推动了一场对于真理标准、是非观念、道路选择的大讨论。这场大讨论的意义还在于它是广大知识分子、广大媒体共同参与的，所以是一场人民自己解放自己的运动。②

改革开放伊始可以说是中国思想启蒙、文化复苏的黄金时代，为后来中国社会的飞速发展奠定了深厚的底蕴。20世纪80年代初的思想大解放，是在扫除封建遗毒和革命暴力的现实呼唤中产生的，虽然以破除为起点，但它的实际意义却立大于破，因为它不仅解放了思想，而且还在更深远的层次上解放和发展了生产力，为中国改革开放提供了不断深化的动力。

---

① 《实践是检验真理的唯一标准》，《光明日报》1978年5月11日第1版。
② 《专访胡福明：真理标准大讨论是中国人民解放自己的运动》，2008年5月11日，http://news.xinhuanet.com/politics/2008-05/11/content_8115320.htm，2015年7月5日。

2. 潘晓来信

刚刚改革开放的中国社会正处于价值真空期，传统的价值观在"文化大革命"中已经断裂。断裂首先出现在青年一代身上。因此，在"文化大革命"结束后，他们即以各种形式对中国社会现实展开强烈批判。这些批判的声音不仅激起了全体国民对历史的反思，也直接酿就了足以导致传统价值观和社会心态发生断裂的巨大震颤，使国人不可避免地身陷精神世界的荒原，整个社会出现了一种由旧的偶像破灭、新的人生目标尚未确立而产生的迷惘感和失落感。① "潘晓来信"就是发生在这样的时代背景中发生的。1980年《中国青年》第5期发表了以潘晓为署名的长信：《人生的路呵，怎么越走越窄……》，信件发表后迅速掀起了整个社会的大讨论。半年时间，收到6万多封读者来信，成为改革开放初期思想解放运动第一个高潮的重要标识。在这封信中，作者用沉重的笔触，压抑地道出了刚刚经历过"文化大革命"的青年的共同心声，他们带着迷惘，怀着哀怨，充满着种种疑虑和对未来的困惑："我今年23岁，应该说才刚刚走向生活，可人生的一切奥秘和吸引力对我已不复存在，我似乎已走到了它的尽头。反顾我走过来的路，是一段由紫红到灰白的历程；一段由希望到失望、绝望的历程；一段思想的长河起于无私的源头而最终以自我为归宿的历程。"②

> 过去，我对人生充满了美好的憧憬和幻想。小学的时候，我就听人讲过《钢铁是怎样炼成的》和《雷锋日记》。虽然还不能完全领会，但英雄的事迹也激动得我一夜一夜睡不着觉……我想，我爸爸、妈妈、外祖父都是共产党员，我当然也相信共产主义，我将来也要入党，这是毫无疑义的。在我进入小学不久，"文化大革命"的浪潮就开始了，尔后愈演愈烈……我有些迷茫，我开始感到周围世界并不像以前看过的书里所描绘的那样诱人。我问自己，是相信书本还是相信眼睛，是相信师长还是相信自己……

---

① 周晓虹：《中国人社会心态六十年变迁及发展趋势》，《河北学刊》2009年第5期。
② 《中国青年》编辑部：《潘晓讨论：一代中国青年的思想初恋》，天津南开大学出版社2000年版，第4—9页。下文中出现"潘晓来信"的内容皆来源于此文献。

在信中潘晓讲述了自己辛酸经历：家庭的变故、无奈辍学、组织的非难，友情、爱情的背叛……这种苦闷、委屈的情绪，让她的内心越发彷徨，不知道人生的意义究竟在哪里：

> 为了寻求人生意义的答案。我请教了……可没有一个答案使我满意。如说为革命，显得太空不着边际，况且我对那些说教再也不想听了；如说为名吧，未免离一般人太远……如说为人类吧，却又和现实联系不起来……如说为吃喝玩乐……也没什么意思。过去，我曾那么狂热地相信过"人活着是为了使别人生活得更美好"，"为了人民献出生命也在所不惜"。现在想起来又是多么可笑！我体会到这样一个道理：任何人，不管是生存还是创造，都是主观为自我，客观为别人。

信中真实、鲜活的经历，打动了无数读者的心，很多人表示自己是在泪水中读完了潘晓的信，这充分说明了潘晓的迷惘与困惑是属于那一代人共同的情感。潘晓讨论的意义并不在于得出一个什么样的结论，重要的是这种讨论在之前是不被允许的，现在可以公开拿到台面上来争论，这本身就是一个历史的进步。它说了大家想说却不敢说的东西，开了历史的先声，翻开了个体觉醒的扉页，在这之前人们是没有意识也没有权利去言说"自我"的。意识到自我，听到自己思想的声音，这在以前不存在也不允许。《中国青年》的主编在后来回忆这场讨论时，把它看成是一代中国青年的思想初恋，是青年人与思想的初次相遇。

（二）政治调整时期的教育政策变动

1. 知识分子政策

改革开放初期，我国的知识分子政策是在"尊重知识、尊重人才"的指导方针下形成和确立的。这一时期的知识分子政策逐渐摆脱了原有的意识形态束缚，行政和思想管控手段体现出逐渐弱化的趋向，凸显了尊重的特点。

首先,思想上的拨乱反正。改革开放以后,伴随着党的十一届三中全会的胜利召开,以邓小平为核心的党中央对知识分子问题的关切日益突出,他们在"解放思想,发展生产力"的大背景下,制定了以"尊重知识、尊重人才"为核心的知识分子政策。1977年邓小平主持召开了科学与教育工作座谈会,会上针对大家关心的"十七年的估计问题"给予了明确解答:

> 对全国教育战线十七年的工作怎样估计?我看,主导方面是红线。应当肯定,十七年中,绝大多数知识分子,不管是科学工作者还是教育工作者,在毛泽东思想的光辉照耀下,在党的正确领导下,辛勤劳动,努力工作,取得了很大的成绩。特别是教育工作者,他们的劳动更辛苦。现在差不多各条战线的骨干力量,大都是建国以后我们自己培养的,特别是前十几年培养出来的,如果对十七年不作这样的估计,就无法解释我们所取得的一切成就了。①

邓小平的这一态度从根本上否定了以往在政治上对知识分子群体的不公正待遇,不但明确了知识分子的阶级属性,也给还处在观望之中的广大知识分子吃了一颗定心丸,让他们放下了精神上的沉重包袱。

其次,文件中的政治定位。党的十一届三中全会以后,在邓小平理论的指导下我们党对知识分子的认识达成了共识,一致认为我国绝大多数知识分子在政治上是积极的,能够做到热爱祖国、拥护党,是一支热爱社会主义,并能够创造文化财富的优秀队伍。也是基于这一估计,逐步形成了一套有利于知识分子发展的政策。在相关政策的有效指导下,知识分子与党的关系迅速突破了"文化大革命"的寒冰期,社会地位显著提高,重新成为工人阶级的一部分。1978年3月邓小平在全国科学大会的开幕式上对知识分子的阶级属性问题给出明确定位:

---

① 邓小平:《邓小平文选》(第二卷),人民出版社1994年版,第49页。

"绝大多数已经是工人阶级和劳动人民自己的知识分子,因此也可以说,已经是工人阶级自己的一部分,他们与体力劳动者的区别,只是社会分工的不同。"① 同年4月,邓小平在《全国教育工作会议上的讲话》中,再次强调:"一个学校能不能为社会主义建设培养合格的人才,培养德智体全面发展、有社会主义觉悟的、有文化的劳动者,关键在教师。"②

这些讲话明确界定了知识分子在社会主义现代化建设中的重要作用,承认了教师作为脑力劳动者是促进社会发展的关键性力量,而且从阶级和社会地位上确立了教师的国家主人翁身份,对知识分子产生了极大的鼓舞作用。特别是第一个教师节的到来,以实际行动打开了教师的心结,使教师的地位得到根本逆转。1986年的《中华人民共和国义务教育法》把"全社会都应当尊重教师"列入了法定程序,进一步让教师的地位、待遇有了体制上的保障,开启了尊师重教的全民化、体制化。

2. 高考制度的恢复

教师地位的恢复是"尊重人才、尊重知识"政策的结果,而各种招考制度,特别是高考制度的恢复则是推动这一政策落实的重要手段。1976年随着"四人帮"的粉碎,停滞十年的教育工作终于结束了禁锢,走向新生。1977年8月初,邓小平在北京主持召开了科学与教育工作座谈会,邀请多位当时著名的科学家和教育工作者参加。在座谈会上,受邀人士普遍主张立即恢复高考,以保证人才质量。8月8日,邓小平同志对科学与教育工作的几点意见作出了积极回应,其中对于高等院校招收应届高中毕业生的问题,他这样表示:"今年就要下决心恢复从高中毕业生中直接招考学生,不要再搞群众推荐。从高中直接招生,我看可能是早出人才、早出成果的一个好办法。"③ 1977年10月中旬,教育部根据邓小平的指示恢复了中断多年的高考统考制度,颁发了《关于1977年高等学校招生工作的意见》,从招生对象到招生

---

① 邓小平:《邓小平文选》(第二卷),人民出版社1994年版,第89页。
② 邓小平:《邓小平文选》(第二卷),人民出版社1994年版,第108页。
③ 邓小平:《邓小平文选》(第二卷),人民出版社1994年版,第55页。

办法和时间都作出了重新规定与安排。

考试制度恢复迅速得到了人们的普遍认同,它的意义不只是教育层面的,关键还在于它给整个社会注入了活力。这一"破冰之举"为黑暗的世界点燃了一盏明灯,打破了"唯成分论"的精神枷锁,让人们看到了改变现状、走出迷惘的契机与希望;推动了社会秩序的重建,摆脱了阶级斗争的逻辑,让混乱的社会秩序回归理性。据当时一位教师回忆,随着招考制度的恢复,整个社会都换了面貌,知识的价值受到关注:

> 恢复大中专招生考试,不仅在青年中引起了强烈的震动,而且使全社会的精神为之抖擞,其影响已经远远超出一个招生工作的范围。考试热的升温,使我感到身边都是热烘烘的,仿佛看到一个冰封的世界正在融化,四处有嘀嗒的声响,河水在开始流动,一些冰雪压着的,封冻了的树呀,草呀,都露出头来,在暖风中摇动……①

公平的受教育机会让人们找回了信心,看到向上发展的可能,每个知识青年都期待通过知识来改变自己未来的命运。知识价值的重塑,对教师社会地位的提升有着直接地推动作用。当时社会背景下,教师作为为数不多的知识拥有者,不但受到国家的重视,也得到了民间的认同与肯定。教师工作的价值与意义在需求中得到实现,教师队伍的建设也成为历史与现实的必然选择。

(三)教师队伍建设工作的恢复与发展

改革开放之后,国家对教师的政治地位、经济待遇及其队伍稳定性的关注日益加强,层出不穷的政策文件、规章条文是这种关注的最直接表达,也在客观上保障了教师群体的合法地位与权益。

1. 恢复独立的师范教育体系

1978年10月12日,教育部出台了《关于加强和发展师范教育的意

---

① 吴国韬:《雨打芭蕉:一个乡村民办教师的回忆录(1958—1980)》,语文出版社2013年版,第854页。

见》，把建设中小学教师队伍看作发展教育事业和提高教育质量，在20世纪内实现四个现代化强国的基础性工作。为此，提出要恢复和建立三级师范教育体系，恢复师范教育的独立。如，要求各地办好和新建若干所四年制的本科师范学院，使其承担起为本省、市、自治区培养高中、中师教师和培训师专教师的任务；一般地区在1980年内，依托现有条件较好又已经担负起初中师资任务的中等师范学校，充实提高为师范专科学校为本地区培养和培训初中教师；办好培养小学教师的中等师范学校。① 在以上精神指导下，全国各地开始恢复以三级师范教育体系为基础的独立的教师培养方式。1980年6月13日至28日，教育部在北京召开全国师范教育工作会议，这是中华人民共和国成立以来召开的第四次全国范围的师范教育工作会议，也是"文化大革命"后召开的第一次全国范围的会议，在客观上促进了师范教育体系的恢复和独立。

2. 加强师资培训力度

建设一支又红又专的师资队伍，一直是我国中小学教师队伍建设的重要目标。1978年12月党的十一届三中全会召开，会议决定从1979年起把全党的工作重点转移到社会主义现代化建设上来，同时确立了国民经济"调整、改革、整顿、提高"的八字工作方针，并要求加快中小学教育的恢复、调整、整顿工作。基础教育领域恢复、重建的重点工作之一，就是要加强中小学教师的培训，以提高教师队伍的整体素质。

从改革开放到20世纪80年代中期，我国教师队伍建设工作不断加强。1977年，教育部召开了中小学师资培训工作会议，对中小学在职教师的培训工作作出了专门部署。1980年8月22日，教育部印发《关于进一步加强中小学在职教师培训工作的意见》等三个文件的通知，对中小学在职教师培训和中等师范教育工作提出了具体的意见，为师资培训工作提供了保障。1983年，教育部又出台了《关于中小学教师队伍调整整顿和加强管理的意见》；1985年5月27日，《关于教育体制改革的决定》的发布开启了现代化的教育改革之路。《决定》指

---

① 何东昌：《中华人民共和国重要教育文献（1949年—1997年）》，海南出版社1998年版，第1649页。

出要"建设一支有足够数量的、合格而稳定的师资队伍,是实行义务教育、提高基础教育水平的根本大计"①,并对如何建设稳定而合格的师资队伍提出了具体要求。就此,教师培训工作开始慢慢步入现代化、规范化的道路。

在20世纪80年代,教师的教学水平普遍不高,因而教师培训的重点主要是提升质量与改进方法。1986年国家教育委员会印发《关于加强在职中小学教师培训工作的意见》的通知,通知指出在我国现有的普通中小学教师中:"不具备国家规定学历的约占半数,不胜任教育、教学工作的教师所占比例较大,有相当数量的教师亟须培训提高……为了适应'三个面向'的要求和进一步提高我国基础教育水平,对于已经具有合格学历和胜任教学的教师,要组织他们学习新知识、学习和掌握新的教育理论和教学方法,总结教育、教学的经验,不断提高政治、文化和业务水平。"② 为了响应教育的政治和经济要求,教师的教学方法和教学质量问题成为当时教师培训工作的重心。经过一个阶段的在职教师培训,到1989年底,全国中学教师的不合格率明显下降,"高中教师中,师专肄业、中等学校毕业及以下程度的所占比例,已由1978年的46.8%下降到10.5%;初中教师中,师专肄业、中等学校毕业及以下程度的所占比例,已由1978年的90.2%下降到54.8%"。小学教师的合格率也进一步上升,到1989年底,小学教师中,中师、高中毕业及以上程度的所占比例,由1978年的47.1%提高到71%;初师、初中毕业及中师、高中肄业程度所占比例,已由1978年的18.6%下降为25%;初师、初中肄业及以下程度的所占比例,由1978年的34.3%下降到4%。③

3. 确立教师考核合格证书制度

改革开放以后,为弥补中小学师资力量的严重不足,大量不具备教师资格条件者加入到教师队伍中来,以至于我国中小学教师素质在

---

① 何东昌:《中华人民共和国重要教育文献(1949年—1997年)》,海南出版社1998年版,第2286—2288页。
② 刘英杰:《中国教育大事典1949—1990(上)》,浙江教育出版社1993年版,第1050页。
③ 刘英杰:《中国教育大事典1949—1990(上)》,浙江教育出版社1993年版,第1050、1053页。

很长的时期内都达不到国家要求。虽然早在1978年教育部就在《全国教育事业规划纲要》中指出，到1985年时全国中学教师的学历要达到大专水平，小学教师学历要达到中师水平。但此时我国还没有从严格的法律意义上来制定规章制度以规范教师入职的国家标准。

1985年5月27日，中共中央颁发了《中共中央关于教育体制改革的决定》，作出了逐步实行九年制义务教育的决定。1986年，第六届全国人民代表大会第四次会议通过了《中华人民共和国义务教育法》。《中华人民共和国义务教育法》以立法的形式规定了义务教育阶段合格教师应具备的条件，大体涵盖了教师资格制度的相关条款，如要求国家"要采取措施加强培养、培训师资，有计划的实现小学教师具有中等师范学校毕业以上水平，初中教师具有高等师范专科学校毕业以上水平"；"建立教师资格考核制度，对合格教师颁发资格证书"。[①]同年9月6日，国家教委颁发《中小学教师考核合格证书试行办法》，对相关事宜作出具体规定和说明，要求凡不具备国家规定学历的中小学教师，应取得规定学历或者申请取得"考核合格证书"才能继续担任教师这个岗位。此外，还对教师考核的具体要求、科目、方式、组织与领导等作出了相应规定和安排。并提出于1987年起，由部分省、市开始组织中小学教师《专业合格证书》文化专业知识的考试。[②]此后，作为衡量教师素质的标志，"考核合格证书制度"很快在全国各地推广实施，教师教育开启了规范化、法制化的进程。

二　知识型教师的工具取向

改革开放之初的国人对祥和、安稳的社会环境倍感珍惜，各行各业都展现出朝气蓬勃的和欣欣向荣的新气象。生活在教育春天里的教师，为了答谢党和国家的特殊关照，在自己的工作岗位上勤恳奉献，

[①] 刘英杰：《中国教育大事典1949—1990（上）》，浙江教育出版社1993年版，第327页。

[②] 刘英杰：《中国教育大事典1949—1990（上）》，浙江教育出版社1993年版，第689页。

朴实耕耘，不遗余力地将知识的种子播撒在了希望的田野上。

（一）希望的田野

改革开放以后，为了让教师尽快走出"文化大革命"的阴影，国家开启了以转变思想为目的的"拨乱反正"工作。但价值观念的转变不是几句话就能完成的，而是需要长时间的精心规划，除了相关政策文件的颁布，一些社会性的宣传活动也不能少。自1980年开始，全国教育工会开展一系列"庆教龄""为人师表"等活动，大力表彰与激励教师献身教育事业的工作热情，极大地提高了教师群体的政治地位、社会威信以及职业认同感。在整个尊师重教的过程中，视听艺术也起到了推波助澜的作用，如称颂教师的歌曲《每当我走过老师窗前》，电影《苗苗》等。这些生活化的宣传形式，很快把社会舆论引向了积极的一面，让教师掠过绝望，重获希望。从当时的情况看，教师群体的希望主要体现在三个方面：国家的认可、社会的尊重与内心的理想。

首先，国家的认可是教师希望产生的前提保证。教师作为体制内的工作人员，得到国家的认可与赞同是他们自我实现的基本条件。其次，社会的尊重是教师心系希望的重要条件。在政府的大力宣传下，整个社会对教师职业的尊重与认可程度普遍提升。20世纪70年代末80年代初，随着知识分子政策的落实，科学技术成为第一生产力，老百姓不再抢着把女儿嫁给工人和复员军人了，而是要嫁给"老九"。[①]婚恋取向的这一变化是教师地位提高、受社会尊敬的最有力证明。到了改革开放后的80年代，随着改革的进一步推进，经济建设是一切工作的重心，物质因素在人们生活中所占的分量也越来越重。特别是在80年代中后期，人们的择偶观也紧跟时代的脚步而变迁，实现了从政治到经济的重心转移，"实用主义"的价值观念变得深得人心，物质条件成为人们在选择配偶时的首要考虑因素。随着教师工资待遇的进一步提高，教师的婚姻选择范围大大拓展。特别是对于女教师而言，有文化，工作又稳定，在择偶过程中拥有较多的主动权。社会的尊重重

---

① 肖桐、杜力：《龙历1978—1996：转型期中国百姓心迹录》，改革出版社1997年版，第133页。

塑了教师的希望之心,体面而富足的幸福和满足感也随之增强。这些积极的感受是教师理想主义精神的主要来源,国家兴亡、人人有责,为了不辜负党和国家的殷殷教育期望,他们义无反顾地投入教学实践。

最后,内心有理想是教师希望升华的关键所在。"尊重知识,尊重人才"等政策为知识分子提供了良好的发展环境,在宽松的社会条件下,知识分子的才华有了施展的空间,人尽其才不仅带来了国家的发展,更实现了他们的自我价值,极大地激发了内心的工作热情。一位自新中国成立初期就开始参加工作的特级教师在回忆自己的教学生涯时,曾激动地说道:"不是我的本事有多大,能力有多强,实在要感谢十一届三中全会以来的好政策(尊重知识,尊重人才),才使我有了希望和尊严,有了实现自身价值的机会。"① 改革开放之后,教师的职业认同感与日俱增,大多数教师的教育理想没有消弭,而是在希望图景的感召下愈发坚定,教育行业到处充满着激昂的献身精神和理想主义激情,他们以无私奉献化解内心的仇情怨绪,用道义与责任肩负起祖国的希望。

(二) 照亮求知路的红烛

社会需求是价值追求产生的基础,决定了价值追求的性质与类型,有什么样的社会需求就有什么样的价值追求。一定时期内的社会需求从来都不是凭空产生的,它的形成实际上是与当时的整个社会的大环境吻合的。改革开放以后,中国的指导思想发生了变化,一改先前追求基本保障和绝对平等的路向,转而大谈"发展才是硬道理",追求经济增长,"让一部分人先富起来"。当时说的是"效率优先、兼顾公平",但"兼顾"在很大程度上就是不顾。② 当"效率优先"遇到"尊重知识",教师职业的工具价值就被无限抬高,最终引爆了全社会的"知识热"与"文凭热",教育也在追求效率的过程中走向应试。

1. 红烛形象的底色:稳健朴实的社会需求

社会情境对教师价值取向制约作用的发挥主要是以需求为中介来

---

① 孟刚:《漫漫从教路,见证六十年——一位退休老教师眼中的教师地位变迁》,《江苏教育》2009 年第 9B 期。
② 王绍光等:《共和国六十年:回顾与展望》,《开放时代》2008 年第 1 期。

实现的。在经济建设与知识热的大背景下，教师作为知识的拥有者，传播者凭借知识的力量参与社会与教育的发展，以知识改变国家的命运，以知识改变民族的命运是时代赋予他们的历史使命。

（1）稳定的生活环境

对于知识分子群体而言，没有什么比一个稳健的发展环境更重要，历史的经验已经表明，没有安稳的生活，一切发展都是空谈。物质生活的满足是教师幸福感产生的现实条件，也是教师发展的直接动力。特级教师王栋生在回忆80年代时说，刚走出"文化大革命"的时候幸福感十分强烈，也很容易满足，社会上的风气积极向上，很多学生受社会和家长的影响，重视教育，热爱文学，喜好读书。①

> 上世纪80年代，百废待兴，是所谓"教育的春天"。无论学校和社会，也无论教师和家长，对教育的期待都很高，仿佛教育就是万能的，只要教育发展了，一切都不在话下。作为名校教师，在社会上很受尊重……那时的学校环境也很"养人"，虽然对青年教师"政治思想教育"控制较紧，但在教学上还是敢放手的。业务上的好多事，校方并不插手，而且没有什么具体的管理措施。信任，就给了我们那一批教师自然发展的机会。②

没有特别需求，一个安稳的生活环境、开放的发展平台，即使辛苦、即便清贫也一样可以过得很幸福。在访谈中有一位即将退休的老教师说的一段话让人印象特别深刻，既反映了那个时代的精神风貌，也描述了教师群体的集体表征：

> 我自己上学那前儿，就是还没工作那会儿，对教师这个职业很向往，觉得教师这个职业是很伟大、很神圣的。从80年代中期我参加工作到现在我始终是这么认为的。如果偏要说说在观念上有哪些变化的话，就是早在工作的前期我多少体会到教师生活的

---

① 王栋生：《80年代：有过一段好日子》，《人民教育》2009年第18期。
② 王栋生：《80年代：有过一段好日子》，《人民教育》2009年第18期。

清贫了，那个时候我刚参加工作又刚成家，生活得比较紧巴，但细细地想想，我感觉教师的清贫生活中常常包含的一种其他职业体不到的精神富足：党和国家那么重视我们，生活中有很多人尊敬我、爱戴我，学校里又有领导和同事关心我，是吧，还有我的学生和家长们也理解我、喜欢我。所以对我来说，工作这么多年来，这份职业带给我的幸福感要远远大过当时观望它的神圣感。最近我也时常感念，可能是年纪大了嘛（笑）：我这一生真是被爱心给包围了，这么想着，我就更高兴了——能够在一个充满爱的环境中生活的老师，我可真幸福啊！

……

你当老师的不就是要对得起自己的良心嘛，对得起自己的学生，做到这点其实比什么都强，其他的，什么荣誉啊，成绩啊，那些都是次要的。要我说啊，只要有一个和睦的生活环境，可以安静的工作、学习，就比什么都强。①

"清贫之中见富足"这是20世纪80年代教师生活方式的一个典型特征。教师的需求很质朴，他们从不奢求特殊的桂冠，只要一个安稳的环境即可，相对于物质方面的回报，他们更需要国家与社会精神上的理解和关怀。

（2）自强不息的海迪精神

改革开放伊始，整个社会整装待发，各个领域都是重新起步，面对全新的形势，有期待，也有迷茫，大家忽然陷入了前所未有的焦虑之中，就像前文"潘晓来信"中所反映的问题：未来的路该怎么走？这让一代青年人陷入了转型的困惑，他们从未如此渴望拥有一个精神上的依托。正好契合了这种心理需求，张海迪就在这个时候走进了公众的视野。

1981年12月29日，《人民日报》在头版头条首次报道山东莘县广播局职工张海迪的先进事迹：《瘫痪姑娘玲玲的心像一团火》。此后，

---

① 访谈教师ZXK。

张海迪"身残志坚"的故事广为传颂,并在时代发展中起到了巨大的模范作用。"活着就要做个对社会有益的人",很多人都是在她的精神鼓舞下投入新的生活,成为不向命运屈服的社会主义劳动者。1983年5月12日《人民日报》发表了《发扬张海迪精神》的社论文章,文章指出,发扬张海迪精神,就要有百折不挠、乐观向上的生活态度;发扬张海迪精神,就要有渴求知识、刻苦自励的顽强毅力;发扬张海迪精神,就要有对社会尽责、为人民服务的献身精神。当天,邓小平为张海迪亲笔题词,号召全民:学习张海迪,做有理想、有道德、有文化、守纪律的共产主义新人!"任何一个时代都有造就体现时代精神的先进人物。六十年代出现的伟大共产主义战士雷锋,助人为乐,把自己有限的生命投入到无限的为人民服务中去,适应我国社会主义生产关系已经确立的形势,体现了社会主义的人与人间的新型关系。八十年代的张海迪,适应了我国全面开创社会主义现代化建设新局面的要求,形成了代表当今年轻一代风貌的张海迪精神:忠于祖国,热爱人民,勤于思考,奋发向上,掌握知识,尽责社会。"① 此后,张海迪这个名字便成为20世纪80年代艰苦奋斗的符号,作为一个生活强者、不屈者,她适时地给无措的人们指明了方向,带来了生活的希望。

  20世纪80年代,国家的财政状况相对困难,教育经费的投入和使用虽然也在逐年递增,但增长速度缓慢,"穷国办大教育"的局面没有得到根本扭转。张海迪式的自强不息、艰苦奋斗精神,是时代发展的需要,也是教育现实的呼唤。当时教育岗位上的很多典型形象是与海迪精神是相契合的。例如,自强不息,自学成才的特级教师丁玮,在30多年的教学生涯中,走出了一条自学成长之路:她刻苦自学,锐意精进,克服了种种困难,终于达到用教材娴熟于心,做实验得心应手的境地;② 艰苦奋斗,无私奉献的小学教师翟建堂,在简陋的条件下凭借一腔热情和干劲带领师生自主改善,不给国家添麻烦,门窗桌椅等全靠自己双手来解决,通过师生的共同努力,把学校建成了神垕镇唯

---

① 《发扬张海迪精神》,《人民日报》1983年5月12日第2版。
② 耀俊、丰邺:《志坚路自宽——记重庆育才中学自学成长的特级女教师丁玮》,《人民教育》1982年第3期。

一所"许昌市常规管理标准化学校"。①

（3）知识就是力量

"要给学生一杯水，自己首先具备一桶水"，教师的知识水平与学生的学习成绩呈正相关，教师的知识水平越高，教学效果就会越好。当时比较流行的观点认为，只有首先具备了雄厚的知识基础，才能有条件去研究教学方法。"不比吃穿，比学习"是当时典型的教师文化。一位20世纪80年代即将入职的师范生说：

> 我们热爱自己选中的职业，愿意将来当一名光荣的人民教师。为了毕业后能胜任工作，我们很多同学都在废寝忘食地学习，觉得每一天、每一个小时的时间都非常宝贵，要学习的东西太多了，将来我们要给学生一桶水的知识，现在就得准备十桶、二十桶……②

知识的确是教学的基础条件，但要想成为一个好教师，仅仅具有静态的知识是远远不够的，还要与时俱进，持续不断地学习。20世纪80年代的教师有一个共同的特征就是对知识的热爱和重视，相信"知识就是力量""知识改变命运"，求知若渴。就像斯霞所说的，教师的知识必须是长流水，如涓涓细流般地沟通着知识的海洋。"当了教师，并不是学习的终止，而是新的学习的开始。"③虽然已经到了退休年龄，但在斯霞的一再要求下，她又重新回到了自己心爱的教学岗位，回顾50多年的从教经历，感慨颇多，并在一篇文章中这样写道：

> 当我在党的教育下，逐步树立了一切为着孩子的成长、一切为着祖国的未来这样的信念时，我感到我是幸福的。有了这个信念，我千方百计地去钻研我的工作，如饥似渴地去补充我的知识，再苦再累也心甘情愿；有了这个信念，个人的安逸，家庭的幸福，

---

① 李默、刘肖：《100个基层教师的口述》，天津社会科学出版社2004年版，第121页。
② 《他们不愿意学师范怎么办》，《人民教育》1980年第3期。
③ 斯霞：《我的教学生涯》，上海教育出版社1982年版，第106页。

如有必要，我都能牺牲；有了这个信念，什么样的屈辱我都能忍受，什么样的磨难我都不怕；有了这个信念，所有那些瞧不起"孩子王"，瞧不起小学教师的世俗观念，都不能使我动摇，我都可以像抹去一缕蛛丝一般地把这些丢在一边。①

有多少教师出于对国家的热爱，对社会的责任，在自己的岗位上勤勤恳恳、兢兢业业，特别是在刚刚恢复高考之后，社会对知识的渴求与日俱增，很多教师肩负着沉重课业负担的同时，还挤出自己的业余时间来满足学生的现实需要，义务地为学生补习功课，期望用自己的知识来改变更多人的命运。

2. 红烛精神的现实困境

"春蚕到死丝方尽，蜡炬成灰泪始干"，教师的蜡烛隐喻生动具体地表达了教师的奉献与牺牲精神。红烛的理想是既教书又育人，但理想与现实总是存在着一定的差距，纵然有着一个高尚的理想，迫于现实的种种压力，也常常存在走向异化的可能。20世纪80年代中后期在效率优先的价值导向下，教育日益成为知识与文凭的代名词，成为师生乃至全社会共同追求的目标。与知识的目标相比，育人被排挤到相对弱势的位置，即使有很多教师在生活与工作中有意识的发扬红烛精神，秉持为人师表，良知先行的原则，奈何思想终究不是现实的力量。

一方面，教师红烛精神的发扬需要相应的文化支持，有了理想主义文化的涵养才会在效果上充分彰显其内在力量。20世纪80年代中后期，功利化的社会风气日渐盛行，对集体主义文化产生了很大的冲击，也带来了人们价值观上的困惑与迷惘：在观念上每个人都知道人生的价值应该体现在远大理想与奉献精神上，但在行为上有时却自觉不自觉地体现出功利主义倾向。于是就有了下面这封经典的来信，节选如下：

---

① 斯霞：《我的教学生涯》，上海教育出版社1982年版，第263页。

敬爱的巴金爷爷：

　　我们是十个小学五年级的学生，平均年龄不到十一周岁，在学校里都获得了"三好"或"品学兼优"的奖励。但是，近年来，我们被一些新的现象迷惑了。爸爸妈妈说话三句不离钞票，社会上常以收入多作为自己的骄傲。有位每月工资是三十多元的老师，当我们问她工资多少时，她脸红了。我们有位同学数学考了九十四分，她呜咽起来，原来爸爸答应她，考了九十五分可得五元奖金。许多家长都用金钱、新衣、旅游来鼓励我们取得好成绩。有些同学在谈到将来时，往往把单位好、工资高、奖金多作为自己最好的向往。一句话，为金钱工作、为金钱学习，已经成为理所当然的事。这难道就是我们八十年代的少年应该追求的理想吗？作为三好学生，我们可以攻克学习上的重重难关，但是在这里，在理想问题上我们成了十只迷途的羔羊……①

　　　　　　　　　　　　　　——十个寻找理想的孩子

　　这是1985年4月18日江苏某乡某县中心小学十位同学写给巴金的信，在《无锡日报》公开发表后，引起社会各界的强烈反响。"为金钱工作、为金钱学习，已经成为理所当然的事。这难道就是我们八十年代的少年应该追求的理想吗？"这一问题问出了当时人们的普遍困惑。不可否认，功利的环境的确更加需要教师的红烛精神，但公平地讲，一味地要求教师牺牲、奉献并不现实，良好文化秩序的维持需要多个方面的共同努力，互相强化，缺失了其中的任何一个方面，就没道理强求其他方面继续履行服务奉献的义务。

　　另外，教师红烛精神的彰显也同样需要现实的条件支撑，当现实的土壤不够丰厚时，红烛精神就容易走向偏废，重知识轻育人，甚至有教无育的现象将不可避免。改革开放以后造成教师红烛精神从强到弱的现实因素主要集中在教师队伍的结构与素养问题上。

　　（1）教师队伍的结构性矛盾。综合表现如下：首先，数量不足，

---

① 巴金：《随想录（1—5集）》，人民文学出版社2000年版，第619页。

师生比过小。1976年全国有小学专任教师528.9万人，普通初中教师203.5万人，普通高中教师69.4万人。20世纪80年代，小学阶段的生师比为25.3∶1；初中阶段为17.6∶5。① 而且，就当时的实际情况来看，有相当比例的学龄儿童并未入学或辍学。由此可见，师资缺乏程度是相当严重的。其次，结构不合理，民办教师比例偏高。1978年1月7日教育部发布了《关于加强中小学教师队伍管理工作的意见》，根据这一文件，各级政府辞退了一批不合格的民办教师，但在教师短缺的情况下，为了维持教学秩序和教师队伍的稳定，民办教师的比例仍然居高不下。以晋州市为例，1979年，以了响应教育部加强中小学教师队伍管理的意见，开始整顿民办教师队伍，经过调整，辞去115名不合格民办教师，还剩民办教师2116名，占到教师总数的56%。② 最后，在教师数量不足结构不合理的同时，教师学历也普遍不达标。"文化大革命"结束后，高中教师中，高等学校本科毕业的，1965年为70%，1977年下降到33.2%；初中教师中高等学校专科毕业及以上的比例从1965年的71.9%到1977年下降到14.3%；小学教师中，中师毕业及以上的，1965年为47.4%，1977年下降到28%。"文化大革命"时期政治运动和教育扩张，导致教师被随意抽调、层层拔高使用，小学师资被严重削弱，1976年小学教师中民办教师的数量占到64.4%。③ 在当时，中学文化程度教师教中学，小学文化程度教师教小学，是一个很普遍的现象。④ 到1979年底，全国中小学教师队伍的状况还是很不乐观，整个教师队伍不合格的比例占到了1/3以上，而且整个教师队伍中老的老、小的小，年龄结构极不合理。有些问题，甚至比60年代情况还要严重。⑤

---

① 李友芝等：《中国近现代教育史参考资料（第四册）》，内部交流资料，第1509—1510页。
② 刘得志：《晋州市教育志》，河北人民出版社2001年版，第211页。
③ 刘英杰：《中国教育大事典1949—1990（上）》，浙江教育出版社1993年，第681—682页。
④ 何东昌：《中华人民共和国重要教育文献（1949年—1997年）》，海南出版社1998年，第1647页。
⑤ 何东昌：《中华人民共和国重要教育文献（1949年—1997年）》，海南出版社1998年，第1852页。

（2）偏低的职业素养。20 世纪 80 年代这十年是我国各个领域恢复、发展的关键时段，教育事业的大发展，必然导致师资力量的短缺，很多学校为了保证基本的教育秩序只能临时聘用一些能够胜任教师工作的编外人员，所以一段时间内民办教师的数量大幅度上升，造成了教师队伍的不健康发展，整体素质的确令人堪忧。为了全面地、有计划地提高教师的职业素养，教学改革的重心呈现出从规范、方法到效率的阶段性变化特点。首先，加强教学规范。就当时的情况来看，很多教师存在教学规范的问题，不能准确把握教学内容，难以达到教学目标要求。"据估计，全国中小学教师中文化业务水平合格、能胜任教育教学工作的仅占 1/3，而在'文化大革命'前这个比例在 2/3 之上。小学教师的问题更严重，乡镇一级还有大量的民办教师，许多教师只有小学或初中的文化程度，而且缺乏专业训练。"[①] 这一现象一直持续到 80 年代中后期，经过一个阶段的强化培训，教师基本的教学规范问题得到缓解。其次，改革教学方法。规范的问题解决以后，对教学方法与技巧的强调又开始占据了教师队伍建设工作的中心地位。1985 年，万里在全国教育工作会议上提出"不适应社会主义现代化建设的教育思想、教学方法必须改革"。根据这一指示，教学方法的改革拉开了序幕，改革主要集中在两个方面：一方面恢复了"文化大革命"期间中断的教学方法改革实验；另一方面积极开发新的教学方法。这期间，涌现了大批因特色教学方法而成名的教师，如李吉林的情境教学法、邱学华的尝试教学法、魏书生的六步教学法等。有研究者对 1979 年至 1990 年我国教学方法改革与实验进行了分项统计，发现其中所涉及的实际教学方法共达 267 种之多。[②] 从中足以见得整个 80 年代我国中小学教学方法改革力度和成效。最后，提高教学效率。随着教育在社会发展中越来越重要和教师业务水平的提高，教学上规范式的操作取向已经无法满足时代对教育的需求，如何改进技术和方法，提高教学效

---

① 胡东芳、陈炯：《谁来塑造"人类灵魂的工程师"》，福建教育出版社 2000 年版，第 58 页。

② 李定仁、徐继存：《教学论研究二十年（1979—1999）》，人民教育出版社第 2001 年版，第 210 页。

率成为新的改革重点。随着改革开放和解放思想的深入,欧美教育思潮得以大量介绍、引进,打破了凯洛夫教育学一统天下的局面,很多教师已经不再拘泥于教学规范与方法的操作,转而开始关注教学质量和效率。典型的人物代表如钱梦龙、魏书生和于漪这些刚刚崭露头角的一代名师,他们的课堂虽然已经摆脱唯书是从的状态,对教材的综合、挖掘已经成为教师的基本素养,从业务水平来看,有了很大的提高。

3. 红烛的工具化:走向应试的教育

改革开放以后的一段时间里,在"以经济建设为中心"的基本路线的指引下,国家对教育的规划存在着经济化倾向,重视教育显性功效,轻视教育的长期性。虽然多次强调教育的重要作用,并出台了"尊重知识,尊重人才"的相关政策,但就其初衷来看并不是以教育中的人为出发点,而是为了让教育更好地服务于经济。把教育和知识皆囊括进了生产力的范围,以经济的规律来管理教育,过于强调教育发展与市场需求的匹配;没有认识到社会主义建设不仅有经济建设的任务,还有民主政治建设的任务。① 在这样的指导思想下,教育的价值取向呈现出了功利主义和工具主义的偏差。在具体的教育实践中,应试教育的空前繁盛即是这一倾向的典型表征。恢复高考以后,人们对知识的渴望在改革开放之后迅猛增长,在教师数量有限的情况下,如何提高教学效率,成为提高学生成绩和升学率的关键性前提。这种追求效率的价值观促成了教育的应试倾向,主要表现在以下几个方面:

(一)在毕业班只抓智育,挤掉德育和体育。有的把班会改为补课或上自习,有的停止了团的活动,有的减少体育课时,不组织课余体育锻炼,更有甚者连课间操也不做。

(二)为了挤出总复习时间,压缩教材内容,赶进度,满堂灌,注重考试技巧,忽视基础训练。

---

① 叶澜:《试论当代中国教育价值取向之偏差》,《教育研究》1989年第8期。

（三）无限度地增加学生负担，有的节假日不让学生休息，有的晚上也把时间安排满，使学生疲于应付，没有时间调整自己在学习上的薄弱环节。

（四）按高校招生口径，高考不考的科目就不开。

（五）猜题、押题，增大作（做）题量，死抠偏题，考试频繁，到处收集和翻印资料。

（六）有的挖别人的墙脚，中途招收他校尖子学生，有的把上届未考取但考分接近的学生编入正式班级"回炉"，以加大升学率百分比的"分子"。

（七）有的限制成绩较差的学生报考高等学校，以缩小升学率百分比的"分母"。

（八）有的不适当地扩大留级面，把一些应届毕业生推到下一个学年去。①

随着应该教育的急剧升温，各种报纸、杂志中"减轻学生课业负担"的呼吁和对"片面追求升学率"的批判随处可见，学生因课业负担过重而自杀的事件也屡见报端。为了考察这一现象的成因，《瞭望周刊》的记者从1987年夏天起，在北京市对片面追求升学率倾向进行了数月的追踪调查。调查指出，有些人把学历和文凭等同于人才，片面追求学历，文凭至上，与此相应，又把基础教育的任务归结为应付一层层的升学考试，而且只考知识，不问德、体、美，导致基础教育相当严重地陷入应试教育的怪圈，业已成为一种社会病。② 到80年代中后期，向教育要效率，向教师要成绩是当时社会对教育的主要需求，"只向红烛要知识"已经成为一个突出的社会问题。可见，教育的应试倾向异化的不仅是学生，也包括教育场域中的教师。

教师的工具化是由内外两个方面双向促成的：其一，外推的教师工具化。领导与家长等社会成员作为教师生命中的重要他者，他们对

---

① 朱丹：《试给"单纯追求升学率"划个界限》，《人民教育》1981年第2期。
② 葛象贤：《令人不安的"怪圈"——关于片面追求升学率倾向的调查》，《瞭望周刊》1988年第2期。

教师的要求与期望会对教师构成很大的压力,并最终作用于教师的价值取向。当社会的一切目光都局限在分数和升学率上时,教师身上的工具价值也随之被无限放大,人文价值则被相对忽视:只要能帮学生取得好成绩就是好教师,至于其他的非理性因素则可以忽略不计。这种功利化的价值导向窄化了教师职业的边界和内涵,将教师推向了工具化。其二,教师的自我工具化。在效率至上的环境中,教师为了得到社会的认可,为了赚取更多的资源,总之是为了寻求更多的自身利益,常常无意识地把自己与学生当作加薪,晋升的工具和手段。在应试的语境中,教育与知识都是为考试而存在的。所以教学就是教师以考试为目的,以学生为对象,通过课本和教参等工具所展开的知识传递过程。教师是知识转移的执行与操作者,学生是静等接受知识的终端。在这样的教学中,教师不需要自主、反思和创造,只要按部就班地把作为考点的知识装进学生的大脑就达到了合格的标准。目中无人的教师在异化了学生的同时也异化了自我,只见成绩不见人,红烛形象也因为缺失了人文的维度而走向弱化。

(三)既成人也为己

思想和心灵的解放是改革开放带给人们的最大精神收获,个人意识觉醒后的人们,回归到现实的人性需求,不再单纯地为了实现某个终极的理想或主义而活,变得更加务实。与上一时期相比,国民性格中的自主性因素开始凸显,正如沙香莲教授对中国的民族性调查中所发现的,"文化大革命"以后进取(19%)、实用(17.5%)和功利(14%)成为中国人人格特质主要的成分。① 不同的环境造就不同的人格,在一定历史条件下,每个个体都要承受所处时代的洗礼,接受历史的浸染,人格中也必然会烙下时代精神和主流价值的印记。20世纪80年代的教师主体力量是大多出生于五六十年代,个性养成期间,即初、高中阶段经历了"文化大革命",之后又接触过红卫兵和"上山下乡"运动,改革开放后迅速成为教育岗位的中坚。这样,在他们的人

---

① 沙莲香:《中国民族性(二)》,中国人民大学出版社2012年版,第66页。

格中既继承了五六十年代勤奋、仁爱的利他品质，又打磨上改革开放以来进取、实用的为己色彩，表现出"既成人也为己"的特点，主要体现在以下几个方面。

1. 理想与务实

20世纪80年代的教师人生经历是丰富的，他们陪伴着共和国的一路成长，心中的共产主义理想也随着阅历的增长而起起伏伏。特殊的生活体验锻造了他们既理想又务实的人格特点，既是理想主义者，又是现实主义者。传统的理想主义是他们的人格底色，但随着思想解放的深入，他们在思想观念与行为选择上都越来越朝向人性和现实需求，变得务实、善变又识时务。与中华人民共和国成立初期相比，改革开放初期教师人格中的理想主义摆脱了空泛和僵化：同样是激情满怀、安贫乐教，但对知识的需求更加开放务实、偏向实用；个人意识也开始占有一席之地，不再迷信极端的集体主义；自我价值的实现方式变得多元，无私无己的赤诚奉献是爱国，公私兼顾式的爱岗敬业同样也是优良品质。

个体的价值是由两个不同的侧面组成的，即人生价值与人格价值。人生价值是人作为价值客体对他人、社会的价值；人格价值是人作为活动主体时，其自身的价值，维护基本的尊重与满足以及达到自我实现的价值。通常情况下，人的价值的两个方面是统一的，但并不排除在一定时期内理论宣传上的侧重和倾向。一般在社会和平发展时期，政府会侧重于人生价值的宣传，要求和鼓励人们勤奋工作，为国家和社会多做贡献。[①] 在改革开放初期，国家对教师人生价值的激发和引导更多指向的是教师在社会发展和经济建设过程中的实用性价值、工具性价值，包括教师的文化传播、知识更新、人格培养等，相对忽视了教师的人格价值。这种工具化的价值导向是造成教师理想主义人格中务实与功利因素增加的主因。任何人的价值都是人生价值与人格价值相统一，互为前提、不可割裂，片面强调教师的人生价值，是对教师人格价值的回避；只谈人格价值，不讲人生价值则是对教师合法权益

---

① 袁贵仁：《价值学引论》，北京师范大学出版社1991年版，第107—109页。

的一种损害。所以应该均衡二者的关系和界线，以保证教师人格的健康发展。

2. 责任与权利

无产阶级政治的教育就是理想主义、集体主义的教育，它是20世纪五六十年代我国学校教育的主要特征。在近乎纯粹的"无产阶级"教育的培育下，人们心中充满"无产阶级"的理想与责任，从生活到工作无一不是与祖国的强大、民族的富强有关。对于正在成长的孩子而言，长大了不是要保卫祖国，就是要建设祖国；不是要当科学家，就是要当飞行员。和今天的孩子一有成绩首先感谢父母完全不同，在无产阶级教育下成长起来的孩子从小就知道，自己能取得成绩，都是党、祖国和人民给的。[①] 因而生长于五六十年代的教师一般都具有强烈的责任感，对问题的理解理想而宏观，极具全局意识，时刻想到自己的思想与行为关系到整个社会与教育的发展，并怀有与中国教育事业荣辱与共的勇气与决心。改革开放之后，这一代教师并没有遗忘肩上的责任与使命，为社会主义建设培养四有新人成为他们最直接的价值追求。80年代"一项抽样调查在回答'你通常在什么问题上感到幸福和愉快'时，知识分子首选的并非是经济收入，婚姻家庭和社会地位等，而是工作有成就。"[②] 这说明在知识分子的价值序列中，工作大于生活，精神需求重于物质需求的传统依然存在。但毕竟时代不同，改革开放以后很多东西已经发生了变化：一方面人们的生活不可避免地要遭受世俗的影响，人格中一些崇高的特质正在逐渐削弱；另一方面随着主体性的发现，中华人民共和国成立初期那种纯粹的无私无己式的人格已经失去了相应的人文环境，义利观呈现出新特点。所以即使表现出同样的结果，也不意味着其内在价值结构的量变没有发生，当达到一个临界点，质变才会显现。同样地，教师人格品质中的奉献与责任特质虽然仍是主导，但也开始有了形式上的变化：首先，认识到责任与权利的对等关系，在责任与奉献中关注到自我的存在，认为对教育负责，对学生负责的同时既是在为自己负责，也是在行使自己参

---

① 黄新原：《五十年代生人成长史》，中国青年出版社2009年版，第36页。
② 马守良：《大转折时期的社会心态》，浙江人民出版社1996年版，第68页。

与社会改革进程的权利。其次,萌生维护自己权利的意识。认同在自己的人格尊严与合法权益不受侵害的情况下,把国家与集体的利益置于首位是义不容辞的责任的观点,但也强调通过工作关照生活同样是每个公民的基本权利,如对"体脑倒挂"、工作无边界等现象的不满和抱怨。可见,平衡人格中的权责对等关系是改革开放以后教师群体的一个明显特征,他们能够自觉地通过职业来服务教育、奉献社会;与此同时,他们也要求并希望国家提供相应的条件,能让他们在这个奉献的过程中找到人生坐标、实现人生价值。

三 教师职业的红色传统

古今中外的历史证明,教师虽然是知识的传播者,但纯粹的知识型教师却是不存在的,因为知识传播过程的背后负载了太多的文化与政治因素。特别是在意识形态建构时期,国家会相对加强对思想与观念的控制,以社会文化和学校教育为中介实现其政党认同的塑造。在改革开放及其以前的中国社会,正处于秩序重建和改造的关键阶段,社会各领域的意识形态色彩十分突出。在这一语境下,红与黑这样的字眼皆是以道德判断的面貌出现的,"又红又专"更是集中体现了道德至上的评价原则。① 在革命的字典里,红色既是政治的,也是道德的。

(一) 红烛精神的代际传承

生活在20世纪80年代的教师是执着的,也是坚强的,因为他们战胜了苦难,越过了绝望。"中国知识分子有一种知难而进的韧性品格,他们的可贵之处是在代际易替、深陷绝境之后,并未沉湎于消沉麻木与怨尤逃避的无为或无所不为的历史泥泞之中,而是仍然能以昂奋之姿,肩负起历史与时代所赋予的重任,忧国忧民、埋首工作,'要

---

① 郑也夫:《礼语·咒词·官腔·黑话——语言社会学丛谈》,光明日报出版社1993年版,第118页。

把失去的时间补回来'。"① 他们为了社会的建设与发展，积跬步而行，毫无保留地发挥着自己的光和热。这种文化品格在 80 年代的教师身上体现得格外明显，风雨过后，他们并没有陷入低迷，而是在重整旗鼓之后迅速走出阴暗，肩负起时代与国家托付的重任，发扬红烛精神，用知识的火把来照亮社会前进之路，为社会建设培养更多的有用之才。在改革开放初期的教育战线上，他们的政治热情与家国情怀仍丝毫不减当年，坚信自己的每一步努力都与整个国家的发展息息相关。从斯霞、霍懋征到于漪……这些时代的楷模把教师职业当作毕生的理想来追求，无论顺境、逆境，始终坚信教育可以改变社会，而自己就是这种改变的关键力量。正是这种乐观与责任，担当与勇气为红色信奉得以延续提供了内在力量。

（二）身份的力量

在一个道德观念浓厚的社会中，教师的身份力量往往会被无意识地放大，因为师者的称谓承载了过多的伦理道德意味。礼仪之邦的中国，自古就特别在意身份标识，个体的社会化努力大多是通过"在其位，谋其职"的身份教化方式来完成的。每种身份都有内在的、独特的价值观，作为子女要孝敬父母、尊重师长；作为教师要以身作则，为人师表；作为公民要遵纪守法，文明友好……对不同身份的人要有不同的规则与要求。教师作为一种社会身份，其隐含的政治、经济与意识形态意蕴，让它远比看上去复杂。不管是生活还是工作，教师这一身份的框限都是无处不在的。在我国，"师者，传道授业解惑"的传统根深蒂固，教师的标准是经师与人师的统一，既是知识的化身，又是道德的楷模，更是灵魂的榜样。总之，教师成为神圣的代名词，他们身上的社会表率作用压过了知识启蒙价值，因而教师身份往往意味着高出社会平均线的道德水平。这样，在社会的道德期望与基本水准之间会形成一个道德的斜坡，教师身处其上，必须要付出一定的努力来维持基本向上的态势（见图 3-1）。道德的斜坡是从事

---

① 贾植芳：《"他们人还在，心不死"》，《读书》1997 年第 11 期。

教师职业、享有教师身份者的内在伦理，是任何时代教师群体都应当追求的道德境界，它赋予教师身份的意义是双重的：既为教师群体提供了瞻仰的方向，又对教师群体构成鞭策与监督，保持自我警醒。

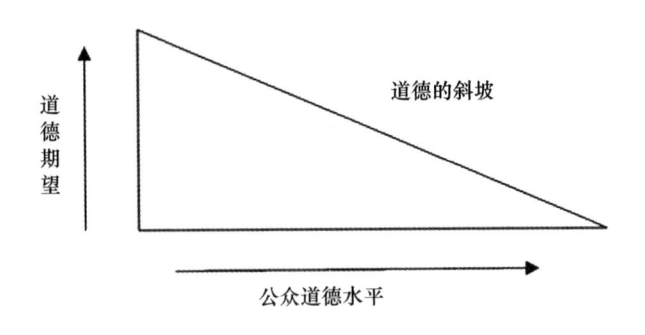

图 3-1　教师道德斜坡示意图

如图 3-1 所示，社会的道德期望与公众道德水平是决定教师道德斜坡的两个维度，道德斜坡的坡度反映着教师职业道德与专业精神在实践中的难易程度。当道德期望不变，公众道德水平增长时，教师的道德坡度就会变缓，教师出现符合期望的道德行为就相对容易。同样的道理，当公众道德水平不变，而道德期望增长时，教师的道德斜坡就会变陡，教师出现符合期望的道德行为就相对困难。依此类推，当道德期望或公众道德水平降低时，教师道德的坡度也会随之变化。总之，每个时代的教师都是行走在道德斜坡上的人，他们所处的道德高度要受到社会道德期望与道德水平的制约，影响着他们的价值追求和精神境界。

教师的道德斜坡不仅对教师的道德行为与精神风貌提供了参照，反过来也为我们关注教师道德滑坡等价值危机问题打开了思路：教师价值取向与道德水平好坏的评判标准要综合考虑公众期望与平均道德水平。期望教师有好的精神面貌，引领社会风气这是人之常情。但时移势易，随着社会的发展变化，一些道德观念与价值标准也要与时俱进，特别是在重大的社会转型时期，道德的内容、形式与各个维度也会发生一定的调整。当影响教师身份的一些因素已经发生变化时，社会对教师的要求与期望也要有所转变。若不从转型以来社会整个状况来思量教师的发展问题,而是一直停留在既定的师德框架当中,就会间接地增大教师道德的坡度。反过来讲,20世纪80年代教师身上那种昂扬向上、拼搏进取的价值取向是与当时社会整体的道德水平分不开的。在那个充满理想主义的年代,每个人都被向上的力量支撑着,虽然物质相对匮乏,但内心丰盈;对教师有较高的道德期望,社会整体的精神风貌也充满进步,所以教师身份的道德坡度相对较缓,艰苦奋斗,安贫乐教等奉献行为也存在着文化生长点。即使"体脑倒挂"问题已经出现,但总的来说,教师的工作热情和为国家奉献的取向依然执着,显然这与当时社会的大环境是分不开的。因而我们在回顾80年代的红烛精神时,也要从整体上来反思、关照,以获得历史的启示。

表3-1　　　　　1978—1990年小学教师的学历情况　　　　（单位:万人）

年份	总人数	民办教师所占比例（%）	中师、高中毕业及以上所占比例（%）	初师、初中毕业及中师、高中肄业所占比例（%）	初师、初中肄业及以下所占比例（%）
1978	522.6	65.4	47.1	18.6	34.3
1979	538.2	63.8	47.0	40.1	12.0
1980	549.9	61.4	49.8	39.9	10.3
1981	588.0	58.3	51.8	38.4	9.8
1982	550.5	54.1	54.5	37.2	8.3
1983	542.5	53.1	56.1	36.1	7.8
1984	537.0	52.9	58.5	34.9	6.6
1985	537.7	51.3	60.6	33.5	5.9
1986	541.4	50.6	62.8	31.8	5.4
1987	543.4	46.7	65.6	29.9	4.8
1988	550.1	44.8	68.1	27.6	4.2
1989	554.4	42.8	71.3	24.8	3.8
1990	558.2	41.2	73.9	22.8	3.4

表 3-2　　　　　1978—1990 年初中教师的学历情况　　　　　（单位：万人）

年份	总人数	民办教师所占比例（%）	高等学校本科毕业及以上所占比例（%）	高等学校肄业及专科毕业所占比例（%）	中等学校毕业及以下所占比例（%）
1978	244.1	46.6	7.6	2.2	90.0
1979	241.0	43.8	7.9	2.7	89.4
1980	244.9	37.7	4.2	8.5	87.3
1981	235.0	30.1	4.2	13.4	82.4
1982	221.5	23.8	5.3	18.0	76.7
1983	214.6	21.5	5.5	18.4	76.1
1984	209.7	20.6	5.5	20.3	74.2
1985	216.0	19.1	5.4	22.1	72.5
1986	223.9	19.0	5.1	24.1	70.8
1987	232.7	16.7	5.3	27.4	67.3
1988	240.3	15.2	5.7	32.1	62.2
1989	242.7	13.6	6.3	37.1	56.6
1990	247.0	10.0	6.9	41.7	51.5

表 3-3　　　　　1978—1990 年高中教师的学历情况　　　　　（单位：万人）

年份	总人数	民办教师所占比例（%）	高等学校本科毕业及以上所占比例（%）	高等学校肄业及专科毕业所占比例（%）	中等学校毕业及以下所占比例（%）
1978	74.1	12.2	45.9	7.3	46.8
1979	66.7	6.9	50.8	7.2	42.0
1980	57.1	2.8	35.9	28.8	35.3
1981	49.4	1.4	36.0	34.8	29.2
1982	46.6	1.0	38.9	37.2	23.9
1983	45.1	0.7	40.4	38.0	21.6
1984	45.9	0.7	40.4	40.3	19.5
1985	49.2	0.6	39.6	43.4	17.0
1986	51.8	0.6	39.3	45.7	15.0
1987	54.4	0.4	40.1	47.1	12.8
1988	55.7	0.3	41.3	47.8	10.8
1989	55.4	0.3	43.5	47.4	9.1
1990	56.2	14.1	45.6	46.7	7.8

第四章

社会转型时期教师价值取向的个人维度

进入20世纪90年代，在市场经济冲击下，教师价值取向发生了一个明显的转向。虽然国家对教师的价值引领依然坚守着"又红又专，以红为先"的主调，但从教师的现实情况来看，价值观念的发展情况可以概括为"守中有变、以变为主"。

一　市场经济背景下的生活与教育

在市场经济的价值体系中，利益、效率、竞争与开放等成为核心概念，与传统强调义气、平均、诚信和规范的价值系统形成对立之势，价值形态的更迭与碰撞对人们的思想观念产生了强烈的冲击。"经济人"假设的合理性被发现，个体的利益诉求得到肯定，价值观念的多元变化给人们的社会生活带来深刻影响，既蕴藏着变革的契机，也潜伏着冲突和挑战。

（一）市场经济与日常生活

1. 市场经济打破了传统的价值观念与生活方式

市场经济在我国的发展是分阶段的，以1992年为界点，可以划分为前后两个时期。1984年党的十二届三中全会肯定了社会主义是有计划的商品经济，商品经济成为市场经济的代名词。第二次重大转变以1992年年初邓小平的南方谈话为标志，这次讲话中提出了关于社会主义本质的重要论断：社会主义的本质就是解放生产力、发展生产力、消灭剥削、消除两极分化，最终达到共同富裕。以此为契机，同年10月在党的十四大上提出建立社会主义市场经济体制的改革目标。这是自1978年改革开放以来中国共产党第一次明确地将市场经济作为中国社会发展的基本取向①，全面开启了"以经济建设为中心"的改革进程。自此，市场经济这一概念不再停留于人们的认识层面，而深入落实到生活中的方方面面。

（1）劳动态度的转变。党的十一届三中全会以后，我国的发展政策明确了两条主线：改革经济和发展民主，相应地配合社会其他各领域的改革。改革经济的第一步就是发展生产力的问题，邓小平明确指出："社会主义的首要任务是发展生产力，逐步提高人民的物质和文化生活水平。从一九五八年到一九七八年这二十年的经验告诉我们：贫穷不是社会主义，社会主义要消灭贫穷。不发展生产力，不提高人民的生活水平，不能说是符合社会主义要求的。"② 要想摆脱贫穷，就要扭转"重义对立"的价值取向，让人们切实享受到利益的优势，以此来激发内在的改革动力。"让一部分人先富起来"的口号成功地激发了国人压抑已久的致富欲望，随着"先富起来"的中国人越来越多，"小富即安""顺其自然"的小农文化心理逐渐被竞争意识与效率意识所取代。

改革开放以前的中国，在无产阶级的集体主义教育下，大多的劳动都带有责任和义务的性质，人们耻于言利，谈薪资报酬被视为政治觉悟不高的表现，这种社会风气一直延续到20世纪80年代末。许纪霖教授的回忆也印证了这一点：

> 八十年代是很有理想主义精神的……那时候的大学氛围不是考各种证书，而是一腔热情，报效祖国。因为祖国突然有希望了，个人的希望就和祖国的希望联系在了一起。我们从不担心个人前途怎样。祖国好了，个人就好了；大河满了，小河就满了。当时每个人

---

① 李强等：《生命的历程：重大社会事件与中国人的生命轨迹》，浙江人民出版社1999年版，第72页。

② 邓小平：《邓小平文选》（第三卷），人民出版社1993年版，第116页。

都这样想。从不去考虑毕业后会去做什么，谁讲这个就显得很庸俗。大家关心的都是国家的命运、四个现代化、富强、民主……①

从这段话中可以看到，在改革开放初期，"私"还是一个不被社会认可的概念，是庸俗的代名词。为了转变人们不屑于言私的价值取向，邓小平及时指出："不讲多劳多得，不重视物质利益，对少数先进分子可以，对广大群众不行，一段时间可以，长期不行……革命是在物质利益基础上产生的，如果只讲牺牲，不讲物质利益，那就是唯心论。"② 私德与私利的合理性受到肯定之后，新时代的劳动者不再是不计劳动报酬的苦行僧，劳动的内在动力发生变化，以契约为底色的新型劳动关系得以确立。

（2）生活方式的变革。"一个社会的生活方式状况，既取决于它的全部物质文明和精神文明条件，又同该社会中人们以价值观为核心的主体性条件相关联。"③ 市场经济的到来为人们的生存和发展提供了丰富的契机和广阔的空间，冲破了传统的政治逻辑，人的主体性得到充分发展。1992年的思想大解放是对1978年第一次思想解放的进一步深化，完成了从观念到制度的落实。自此，物质文明与精神文明齐头并进，人们的生活方式和价值取向也发生了相应转变。生活开始走向世俗化，过去那种政治浸染、严肃而沉重的生活方式日渐远去，人们转而追求一种更加轻松、随性的生活，个体的生存权利和生活质量等问题都被提了出来。自改革开放以后，人们就对生活方式的重要性有了一定认识，并越来越频繁地使用这一概念，到市场经济确立以后转变生活方式的趋势更加明显。伴随着市场经济的深入，理性化的价值取向、多元的价值标准、务实的生活态度，成为中国人生活方式的主要特征。生活方式上的这些变化是市场经济带来的必然结果，主要体现

---

① 许纪霖：《历史学家眼中的60年中国》，2009年9月23日，http://news.qq.com/zt/2009/historian/，2015年12月10日。
② 邓小平：《邓小平文选》（第二卷），人民出版社1994年版，第146页。
③ 沙莲香等：《社会学家的沉思：中国社会文化心理》，中国社会出版社1998年版，第63页。

在以下几点：

首先，生活水平的提高是生活方式转变的前提基础。生活方式转变往往以社会变革为依托，社会生产力的解放与发展满足了人们对生活的基本需求，在此基础上人们开始追求生活质量与品质的提升，对衣食住行的要求也逐步提高。当"吃饱穿暖"已经不成问题时，追求吃得营养、穿得高档、住得舒适、行得方便就成为生活的下一步目标。人们生活质量的提高反过来又进一步促进了社会的活跃程度，增加了就业和消费的选择机会，同时也刺激、催生了许多新的行业和职业。各种文化场所和休闲、娱乐场所开始增多，第三产业快速发展，这些都使人们的生活方式走向多样化、个性化。[1] 单调划一的生活方式成为历史，每个人都有着更多的自主权去选择自己想要的生活方式。

其次，市场意识的产生是生活方式转变的基本动力。20世纪90年代以来，中国主流社会的生产与生活方式都呈现出一定的市场取向。致富取代了平安成为生活中人们首要的价值选择，他们不再满足于形式上的平等，开始主动寻求个体差异，讲求公平竞争，信奉多劳多得。可见，以市场意识的萌生为起点，中国人观念中的经济、效率、竞争和自由等现代意识随之产生和发展起来，极大地促进了生活方式的转变。可以说，市场经济的到来唤醒了人们潜在的自主性和积极性，维护与捍卫自身的身份与地位成为每个公民的自觉意识。所以有学者认为，90年代是一个量化的时代，一个指标的时代，一个米袋子和菜篮子的时代，整个社会转型呈现出技术主义、经济主义、物质主义的务实取向。[2]

再次，生活节奏的加快是生活方式转变的主要表现形式。讲究竞争与效率是市场经济的典型特征，欲望的膨胀让人们总想拥有得更多、更好，新的需求源源不断地产生，却始终不是想要的终极目标。在优胜劣汰的生存法则下，"时间就是金钱，效率就是生命"。快，成为现代生活方式的重要标志，也是功利主义、实用主义产生的根源。人们的工作、学习压力也随着生活节奏的加快而变大，有多少工薪阶层为获得更多的收入，牺牲自己的闲暇时间来发展副业；技术工人需要参加各种技能培

---

[1] 马守良：《大转折时期的社会心态》，浙江人民出版社1996年版，第196页。
[2] 陶东风：《新时期三十年人文知识分子的沉浮》，《探索与争鸣》2008年第3期。

训或者延长工作时间，提高自己的劳动水平，以适应产业结构变动的需要；学生为了获取更多的知识，不停地参加课外强化班，来应对各种形式的考试。生活中的方方面面都处于高速运转的状态，每个人都必须要调整自己的步伐跟上潮流，否则就有被淘汰掉的危险。

2. 市场经济与教育发展

20世纪90年代以后，在市场经济的影响下，几乎所有科教文卫事业单位都不同程度地介入了自主创收活动。知识的增值功能得到了进一步凸显，成为经济发展的关键资源。知识经济作为一种新的社会形态开始出现，它的形成彻底改变了人们以往对教育的认识和理解，让人们对知识的价值有了全新的认识，尤其是知识所蕴含的经济价值。相应的，我们的教育观、知识观、学生观也随着改变。为了适应知识经济社会，我们的教育必须作出适当调整，在制度上有所创新，关注学生的学习能力，开发学生的创造潜能，以培养出有助于社会发展的人才。"无论从知识参与生产的程度还是从人才竞争的激烈程度来看，不断学习已成为工作的必需，教育尤其是素质教育显得更为重要。可以毫不夸张地说，知识经济的社会就是一种广泛学习型的竞争社会。"①

教育作为一种上层建筑，不仅受经济发展的制约，而且还要发挥主动性，积极为社会主义经济建设服务，根据教育规律有选择地对市场经济渐进适应。1992年6月，中共中央、国务院在《关于加快发展第三产业的决定》中明确提到，教育事业是"对国民经济发展具有全局性、先导性影响的基础行业"②，是加快发展第三产业的重点对象，这一决定为确立教育产业观及教育产业化奠定了基础。教育成为经济发展的基础性产业，知识作为一种生产要素直接参与财富的创造过程，它的工具价值受到格外关注。培养应用技术型、专业型人才成为学校教育对知识经济模式的一种主动回应。社会上尊重知识的重心也发生了偏移，强调学以致用，直接把知识转化为生产力。教育主动适应市场经济给教育所带来发展契机是显而易见的，不仅激发了教育的活力，

---

① 张圣兵：《知识经济与教育产业化》，《教育与经济》1999年第1期。
② 《中共中央国务院关于加快发展第三产业的决定（1992年6月16日）》，《人民日报》1992年6月30日第1版。

也提高了知识的社会效益。但其引发的问题也不容忽视，其中最突出的一个问题就是教育功能的窄化。片面强调教育的经济功能而忽视的教育的其他功能，把教育效益简单地理解为经济效益，把教育中的人际关系划归为商品关系，这样就改变了教育的性质与地位，教育改革与发展的关注点集中在短期的功利性行为上，丢掉了教育的育人功能。

3. 市场经济浪潮中的知识分子

党的十一届三中全会召开，开启了经济体制改革的历程，迈出了我国经济转型努力的第一步。到了 20 世纪 80 年代，为了适应建设有中国特色社会主义的总要求，大力贯彻执行对内搞活经济、对外实行开放的方针，党的经济工作重点开始转向个体。1980 年 8 月 17 日中共中央转发了《关于全国劳动就业会议文件的通知》，明确指出个体劳动是社会主义公有制经济的必要补充。但政策的保障只是一方面，观念的转变才是个体经济顺利推进的关键环节。在中国人的传统观念里，士农工商的价值序列古而有之，商人阶层的社会声望一直处于低迷状态。为了消除人们对各种新兴经济形式的偏见，1983 年胡耀邦、万里、习仲勋等党和国家领导人在中南海会见个体经济先进代表，并开展座谈。会上胡耀邦发表了关于怎样划分光彩和不光彩的重要讲话，在讲话中他鼓励广大青年破除陈腐观念，大胆发展个体经济：

> 现在社会上还有一些陈腐观念，妨碍着我们前进。在社会舆论中，有些是非标准还不很明确。例如，谁光彩，谁不光彩，怎样区分光彩和不光彩，就不很清楚。到处碰到这样情况，到全民所有制光彩，到集体所有制不大光彩，搞个体的就很不光彩，找对象都困难。还说什么，当干部光彩，没当干部就不光彩；上了大学光彩，没上大学就不光彩，等等。光彩与不光彩，究竟用什么标准来划分？这个问题如果弄不清楚，并且不形成强大的社会舆论，有些是非好坏就分不清楚，就会阻碍我们更好地前进。……究竟谁光彩呢？必须有个明确的标准。凡是辛勤劳动，为国家为人民做了贡献的劳动者，都是光彩的。那些在困难、危险的环境下，做出了突出贡献的同志们最光彩。那些同犯罪分子

拼搏，克服技术困难、材料困难，自力更生打开局面，做出成绩的同志们最光彩。什么是不光彩的，什么是最不光彩的？好逸恶劳不光彩，违反劳动纪律不光彩，违法乱纪最不光彩。我们必须把陈腐的观念清除掉，代之以正确的观念。①

这一讲话扭转了人们对商品经济的保守观念，此后各大报刊也纷纷加强了对个体经济者的先进事迹进行宣传、报道，鼓励更多的人自谋职业。1984年10月在党的十二届三中全会上通过了《中共中央关于经济体制改革的决定》，在《决定》中首次系统阐述了国家关于发展个体经济的基本指导方针："改革计划体制，首先要突破把计划经济同商品经济对立起来的传统观念……商品经济的充分发展，是社会经济发展的不可逾越的阶段，是实现我国经济现代化的必要条件……坚持多种经济形式和经营方式的共同发展，是我们长期的方针，是社会主义前进的需要。"② 遵循着这一指导思想，经济体制改革在全国范围内开展，个体经济迅速发展，成效卓著。"据国家工商行政管理局最近统计的数字，一九八五年底，全国城乡有照经营的个体工商户是一千一百六十八万，从业人员达到一千七百五十六万人，比全国商业系统职工人数多三百多万。"③

20世纪80年代的下海经商潮，以返乡知青、待业青年为主体，整体文化素质水平相对较低。到90年代以后，这部分人中已经有一些人先富了起来，他们的成功经验成为人们生活中津津乐道的一部分，"下海了吗"取代"吃饭了吗"成为国人当时最流行的寒暄语，这从侧面反映了发财致富的社会风尚。更重要的是，国家对于体制内人员下海经商的支持态度，通过一系列"鼓励性"政策来推动"下海"热潮，如停薪留职、经济补偿、优惠贷款、减税免税等。在社会风气与政策导向的共同作用下，经济生活状况长期得不到改善的知识分子开始蠢蠢欲动。20世

---

① 《什么叫光彩，什么叫不光彩？——胡耀邦会见全国集体经济和个体经济先进代表时就此发表重要讲话》，《人民日报》1983年8月31日第1版。
② 《中共中央关于经济体制改革的决定（中国共产党第十二届中央委员会第三次全体会议一九八四年十月二十日通过）》，《人民日报》1984年10月21日第1版。
③ 《个体工商业者逾一千七百万，已超过全国商业系统职工总数》，《人民日报》1986年2月23日第1版。

纪 90 年代的知识分子下海是全方位的。所谓全方位是指，这一阶段的下海包括了各行各业的知识分子而不只是某些行业的知识分子，知识分子所参与的经营领域也是全方位的而不是像过去那样只参与知识、咨询等有关的几个领域。据估计，仅 1993 年一年从国家机关下海的知识分子就达 30 万人之多。① 知识分子群体投入商海，提升了个体商户的文化层次，也提高了商人的社会地位。不同于 80 年代为了生计而奔波，90 年代的下海更多是为了施展自身才能，通过知识的财富创造获得成就感，是知识分子试图摆脱边缘化，重返社会中心地位的一种努力。

（二）教育事业的定位与发展

发展教育产业，必然要重视人力资本，这是知识经济时代的基本需要。教育作为一种基础性、全局性的知识产业，为国家建设和经济发展提供人才是题中应有之义。为了进一步适应市场经济的发展要求，培养有文化、高素质的劳动者，成为教育的首要目标。

1. 以素质教育为重心的改革要求

素质教育是为了克服我国高考恢复以来片面追求升学率现象而产生的，最早提出这一概念的是原国家教委副主任柳斌。1987 年 4 月，柳斌在九年义务教育各科教学大纲统稿会上作的讲话中提道，"基础教育不能办成单纯的升学教育，而应当是社会主义的公民教育，是社会主义公民的素质教育。"② 此后，"从升学教育（应试教育）向素质教育转轨"的口号应运而生。

从国家的政策文件来看，1991 年 7 月 29 日，国家教委印发关于实施《现行普通高中教学计划的调整意见》和《普通高中毕业会考制度的意见》等两个文件的通知，其中要求要"把高中教育从应试教育转变为全面提高学生素质的教育"③。这是国家第一次明确使用"应试教育"与

---

① 李强等：《生命的历程：重大社会事件与中国人的生命轨迹》，浙江人民出版社 1999 年版，第 73 页。
② 王珺：《情系教育人生》，《中国教育报》2004 年 9 月 28 日第 3 版。
③ 何东昌：《中华人民共和国重要教育文献（1949 年—1997 年）》，海南出版社 1998 年版，第 3185 页。

"素质教育"概念,并将二者作为对立面来加以表述的政府文件。1993年,中共中央、国务院印发《中国教育改革与发展纲要》,虽然未明确出现素质教育一词,但它实质上是对素质教育的目标、内容与途径作了简括的规范。[1] 1997 年在当时国务院副总理李岚清的推动下,原国家教委召开了全国中小学素质教育经验交流会,下发了《关于当前积极推进中小学实施素质教育的若干意见》,提出了向素质教育转轨的目标、思路、任务和措施,素质教育作为政府行为全面启动。[2] 素质教育作为一种新的教育理念,一经提出就得到了社会的认可。长期以来,我们国家的学生深受应试教育之苦,教师和家长也是间接的受害者,学生厌学,教师厌教的现象普遍存在。实施素质教育,是扭转应试教育倾向的一种努力与实践,也对师生素质提出了更高的要求。

2. 人才素质观念的变化

在知识经济时代,"社会发展的战略资源已经发生了实质性的变化,经济的发展不仅靠物质资源,人才同样也是发展经济的资源,而且是更重要的资源"[3]。可以说,影响四个现代化建设的最关键力量不是资金,也不是技术,而是具有现代化素质的人才。早在 20 世纪 80 年代中期邓小平就有了"教育要面向现代化"[4] 的提法,进入 90 年代以后,随着我国经济体制改革的进程进一步加快,各行各业对所需人才也有了更严格、更具体的标准。邓小平南方谈话之后,国家于 1993 年 2 月 13 日颁布了《中国教育改革和发展纲要》,其中指出:"基础教育是提高民族素质的基础工程……中小学教育应由应试教育转向全面提高国民素质的轨道,面向全体学生,全面提高学生的思想道德、文化科学、劳动技能和身体心理素质。"[5]《纲要》是我国基础教育向素质教育转轨的标志性文件,进一步明确了教育的目的与方向。概括地

---

[1] 燕国材:《素质教育概论》,广东教育出版社 2002 年版,第 13 页。
[2] 叶澜:《中国基础教育改革发展研究》,中国人民大学出版社 2009 年版,第 76 页。
[3] 何宪:《论邓小平的人才理论》,《光明日报》1998 年 7 月 24 日第 11 版。
[4] 《邓小平为北京景山学校题词:教育要面向现代化,现向世界,面向未来》,《人民日报》1983 年 9 月 11 日第 3 版。
[5] 何东昌:《中华人民共和国重要教育文献(1949 年—1997 年)》,海南出版社 1998 年版,第 3467 页。

讲，素质教育的根本目的就是全面提高人的素质，这一目的又可以分为两个层次：做人与成才。关于做什么样的人的问题，素质教育的提出者柳斌曾就素质教育的任务列出以下五项内容：

第一，做一个能够关心他人的人。这是助人为乐，为人民服务的起点；

第二，做一个能够承受困难和挫折、勇于进取的人。这是社会主义建设的需要；

第三，做一个律己严格、待人宽厚、忠于职守、遵纪守法的人。这是民族团结的需要，也是社会稳定的需要；

第四，做一个艰苦奋斗，勤俭节约的人。我国人民并不富裕，国家并不富裕，还非常需要这种精神，现在享乐主义抬头，针对这种情况，应该郑重强调这一点；

第五，做一个堂堂正正的有中国心的人。要以培养爱国主义精神为荣，不爱国为耻。这是作为一个中国人最基本的品质。①

在学会做人的基础上，要引导学生成才，这是素质教育的目的所在。知识经济体现在知识的生产、分配与应用三个方面，这三个方面的交互作用可以不断提高知识在经济与社会发展中的地位与作用。② 不管是知识的哪个方面，都是由教育培养出来的人去实现的，提升人才素质和质量，就是提高劳动生产率，间接促进知识经济的发展。重视人才培养、人力资源的开发，是知识经济时代对教育的必然要求。

3. 教师素质的新要求

人才培养目标、模式向全面素质教育转变对教师提出了新要求。改革开放后，教育工作取得了迅速的恢复与发展，中小学学制、课程和教材改革、教学改革如火如荼。但是随着就业压力的增大和其他多种因素的影响，应试教育的弊端也逐渐开始显现。特别是到了20世纪90年代，传统的应试教育受到了越来越多的批评，人们普遍认为传统

---

① 柳斌：《关于素质教育问题的思考》，《人民教育》1995年第Z1期。
② 燕国材：《素质教育概论》，广东教育出版社2002年版，第108页。

教育培养出来的人才不能适应时代的新需求，开展与实施素质教育、提高国民素质、提升教师与学生素质的呼声日益高涨。1996年3月，时任国务院总理李鹏在《关于国民经济和社会发展"九五"计划和2010年远景目标的报告》中认为："改革人才培养模式，由应试教育向素质教育转变……教师是实施素质教育和建立社会主义教育体系基本框架的主要力量，应全面、自觉地提高自身的素质以适应新时期教育改革和发展的更高要求。"[1]1999年6月13日在《中共中央国务院关于深化教育改革全面推进素质教育的决定》中又进一步明确指出："建设高质量的教师队伍，是全面推进素质教育的基本保证；把提高教师实施素质教育的能力和水平作为师资培养、培训的重点；建立优化教师队伍的有效机制，提高教师队伍的整体素质。"[2]

素质教育是注重全面性和发展性的教育，教师素质是决定素质教育成败的关键，而建设高素质的师资队伍是素质教育的必然要求，具体说来包括以下几个方面：第一，教师要从"知识的传递者"向"学生的引导者"转变。在传统的教育中，教师在教学中关注的是学生对静态知识的识记、理解，教师的任务就是在课堂上向学生传递更多的知识。而素质教育强调知识的传授过程：教师要教给学生知识，但在传递知识的过程中还要注意方式与方法，做学生学习与发展的促进者和引导者。第二，教师由"教育者"向"学习者"转变。在传统教育中，教师即有知识的拥有者，在教育教学活动中一直是施教者，处于权威的地位。但素质教育首先要求教师要转变角色，不断地完善、发展自己，先做一个虚心的学习者。让自己的各个方面跟上时代的发展需求，实现自我提升，才能培养出时代需要的人才。第三，教师由"教书匠"向"人生导师"的转变。在应试教育的影响下，教师只关注学生的成绩和升学率，学生的思想、人格无人过问。素质教育要求

---

[1] 李鹏：《关于国民经济和社会发展"九五"计划和2010年远景目标的报告——1996年3月5日在第八届全国人民代表大会第四次会议上》，《人民日报》1996年3月19日第1版。

[2]《中共中央国务院关于深化教育改革全面推进素质教育的决定（一九九九年六月十三日）》，《人民日报》1999年6月17日第1版。

学生的全面发展，自然离不开教师的教育和引导，教师对学生的关爱应该是全面的，而不是仅仅局限在成绩和教学任务的完成。

二 教师的谋生取向

"市场经济和现代化运动是一个世俗化的过程，在这个过程中，理想主义的式微、终极关怀的失却或许更容易发生。"① 寻求利益回报是市场经济的要求，其对促进社会的进步有一定的积极意义，但若全面功利化，走向极端则会适得其反。教育从根本上讲是一种充满理想的事业，从这个意义上讲，教师都应该是理想主义者，虽然说在世俗化的社会中不可能独善其身，但至少也要坚守最后的底线。但遗憾的是，在市场经济的浪潮中，部分教师的价值取向都出现了偏差，主要表现在心态忧虑、价值追求世俗化以及人格特征的橡皮化。

（一）教师忧道亦忧贫

自20世纪80年代中后期开始，"体脑倒挂"现象就已经出现："拿手术刀的不如拿剃头刀的；搞导弹的不如卖茶叶蛋的。"黑龙江农学院兽医外科的博士生王宗明，在校园里摆烟摊儿，成了媒体的热门话题。② 1984年，"《中国青年报》的一项调查表明，当年最受欢迎的职业排序前三名依次是：出租车司机、个体户、厨师，而最后的三个选项分别是科学家、医生、教师。"③ "体脑倒挂"现象，折射出了80年代知识分子经济地位的尴尬。80年代，知识分子虽然物质贫困，但精神上却是富足的，但进入90年代，随着市场经济的深入，知识分子有时可能陷于物质与精神的双重危机。

1. 物质生活的捉襟见肘

教师的物质待遇问题在20世纪90年代是一个热门话题。经历了80

---

① 徐贵权：《论价值取向》，《南京师大学报》（社会科学版）1998年第4期。
② 黄新原：《五十年代生人成长史》，中国青年出版社2009年版，第264—265页。
③ 吴晓波：《激荡三十年：中国企业（1978—2008）》，中信出版社2008年版，第32页。

年代的"体脑倒挂"之后,在社会各方面的共同努力下,90年代教师的工资待遇稳中有升,但在与其他职业的横向对比中,仍处于底端位置。受教育产业化趋势的影响,原本就捉襟见肘的教育经费更难到位,教师的工资拖欠问题日益突出,严重影响了教师的生活质量。

(1) 物质待遇改善力度不足

自20世纪80年代中后期,我国分配领域开始出现脑力劳动者与体力劳动者收入倒挂现象,到80年代末90年代初,这种倒挂趋势逐渐加强,对此教师群体内部存在普遍的不满情绪,这在很大程度上挫伤了广大中小学教师的工作积极性。后来经过1985年和1993年的两次工资制度改革,教师的薪资状况得到了一定的改善,90年代,十年间教师年均工资由2125元涨至8392元,增长了近4倍(见表4-1)。在改革工资制度的同时,教师住房问题也得到了国家关注。1993年2月中共中央、国务院印发《中国教育改革和发展纲要》,在"教师队伍建设"中提出要"在住房和其他社会福利方面实行优待教师的政策。各级政府要制订切实的计划,尽快使城市教职工家庭人均住房面积达到当地居民的平均水平"①。根据这一精神,1994年国务院有关部门部署在全国实施为教师建造住房的"广厦工程"。此后,教师住房条件得到明显改善,从1994年到2000年,全国共计投入资金1144亿元建造教师住房1.5亿平方米。1993年教师的人均住房面积只有6.9平方米,低于同期城镇居民平均水平7.5平方米的水平。2002年底,教师人均住房面积已达11.9平方米,高于城镇居民人均11.4平方米的水平。②

以上是总体情况,但从横向比较的角度看,教师的经济地位并不算高,教师职业远未真正成为令人羡慕的职业。据国家统计局资料显示,从1990年到1999年,整个90年代教师的平均工资在国民经济的15个行业中,低于大多数行业,有时处于末端位置(见表4-1)。另外,事业单位公务员也是教师的一个重要参照群体,教师的经济状况整体落后于公务员(见表4-2)。

---

① 《中共中央国务院印发〈中国教育改革和发展纲要〉》,《人民日报》1993年2月27日第2版。

② 李岚清:《李岚清教育访谈录》,人民教育出版社2003年版,第40页。

表4-1　　　1990—1999年教师工资在整个社会行业中的排名　　（单位：元）①

年份	1990	1991	1992	1993	1994	1995	1996	1997	1998	1999
平均工资	2140	2340	2711	3371	4538	5418	6099	6470	7479	8346
教师工资	2125	2250	2724	3291	4917	5500	6210	6694	7377	8392
排名	10	13	12	13	11	13	13	12	12	11

表4-2　1992—2001年中小学教师与职工、事业单位职工平均工资比较

（单位：元）②

年份	1992	1993	1994	1995	1996	1997	1998	1999	2000	2001
职工	2711	3371	4538	5500	6210	6470	7479	8346	9371	10870
事业单位	—	3360	4963	5499	6241	6867	7620	8665	9634	11491
中学教师	—	3293	4943	5424	6059	6639	7348	8385	9239	11080
小学教师	—	3039	4514	4982	5550	6030	6522	7413	8085	9649
教师平均	—	3166	4729	5203	5805	6335	6935	7899	8662	10365

从表4-2的数据可以看出，教师平均工资，除了1994年略高于社会平均工资水平以外，其余年份均未达到社会平均工资线。与普通职工的横向比较尚且如此，更别说"不低于公务员"③的标准了。相对而言，中学教师的工资水平还勉强可以与事业单位的工资水平一较

---

① 数据来源：《国家统计局．中国统计年鉴（2000）》，国家统计出版社2000年版；中国教育年鉴编辑部：《中国教育年鉴（2000）》，人民教育出版社2000年版；牟阳春：《中国教育事业统计年鉴（2000）》，人民教育出版社2001年版。

② 数据来源及说明：国家统计局：《中国统计年鉴》，国家统计出版社1994—2002年版，查找条目为：从业人员和职工工资："职工平均工资及指数""分细行业职工平均工资"；教师平均工资一栏并不是国家统计局的数据，因为这里仅包括普通中小学专任教师，为了方便比较而呈现。

③ 早在1994年1月1日开始实行的《教师法》中就明确规定："教师的平均工资水平应当不低于或者高于国家公务员的平均工资水平，并逐步提高。"（第二十五条）2006年9月1日实施的新的《义务教育法》则根据实际情况，删掉"高于"，仅保留了"不低于"。2009年1月1日开始实施的《关于义务教育学校实施绩效工资的指导意见》，再次重申义务教育教师平均工资水平不低于当地公务员平均工资水平。而2012年发布的《关于加强教师队伍建设的意见》，要求依法保证教师平均工资水平不低于或者高于国家公务员的平均工资水平，再次将此话题抬出，反复强调。

高低，而小学教师的工资水平则一直处于较低的水平线上，虽然绝对工资有所增加，但相对工资并未提高。

（2）长期不得解决的工资拖欠问题

1992年12月23日有媒体披露，四川省仪陇县拖欠7000余名教师工资达7个月之久，数额达700万元。此事件一经报道，在社会上引起了强烈的反响，各地的类似事件，层出不穷。① 到1993年，拖欠教师工资已经成为一种普遍的社会现象，拖欠面积遍及全国20多个省市，总额高达10亿元以上，范围之广，数额之多，时间之长，着实让人感叹。据中国教育工会调查统计表明，1992年1月至1993年5月，全国拖欠教师工资总额达20亿元，范围涉及除北京、西藏以外的各省（区）、市。陕西省70%以上的县份拖欠，总额达6914.72万元，河北省曾有75个县、市拖欠教师工资7920万元；广西共83个县，有70个县拖欠教师工资，历年累计金额高达上亿元；湖北省拖欠1.3亿元，河南省拖欠1.5亿元，辽宁省拖欠教师工资额为7851万元，就连我国最大的特区海南省，1993年中有9个县拖欠教师工资，累计达300多万元，农村作为中小学教师的主要分布地区，更是工资拖欠的重灾区。②

1993年9月11日，国务院办公厅向15个严重拖欠教师工资的省区发电，要求采取措施尽快补发拖欠的工资。此后多次关注、追问这一问题解决的进度。经中央领导亲自督促，教师们的工资先后补齐，并于1994年1月1日开始施行《教师法》，在第八章"法律责任"中规定："违反国家财政制度、财务制度，挪用国家财政用于教育的经费，严重妨碍教育教学工作，拖欠教师工资，损害教师合法权益的，由上级机关责令限期归还被挪用的经费，并对直接责任人员给予行政处分；情节严重，构成犯罪的，依法追究刑事责任。"③ 但是，仅1994

---

① 黄白兰：《盲点：中国教育危机报告》，中国城市出版社1998年版，第6页。
② 转引自潘其胜《中小学教师的敬业危机》，《社会》1994年第9期。
③ 《中华人民共和国教师法》，2005年5月25日，http://www.gov.cn/banshi/2005-05/25/content_937.htm，2016年1月17日。

年上半年，全国新增拖欠中小学教师工资就累计达 5 亿元。① 到 1997 年 8 月，国务院办公厅发出了《关于保障教师工资按时发放有关问题的通知》，其中提道："目前许多地区又出现了新的拖欠，并且出现了教师工资拖欠又克扣等新的问题。"② 从这一表述中不难推断，90 年代的拖欠教师工资问题一直没有得到有效解决。拖欠教师工资的恶果主要表现于两点：一是教师不堪忍受，或转行，或下海，纷纷逃离教育岗位；二是教师职业失去吸引力，没有人愿意选择，师范院校陷入招生难。只出不进的状态必然带来师资短缺的问题，为了维持教育的发展，教师队伍中民办教师和代课教师的比例有所提高，这一变化间接地影响了教师队伍质量。显然，教师工资拖欠现象已经是一个影响到人才培养和国家发展的社会问题。

2. 精神生活的相对剥夺

物质的匮乏往往导致精神的贫困，教师产生消极的心态，有物质待遇得不到满足的客观原因，但也有主观的因素在起作用。受历史的影响，教师一直是一个自尊敏感的群体，长期的低地位、低声望，让他们大多心有不甘；另外，现实的社会舆论、政策文件与法律条款中皆存在把教师置于与国家公务人员对比的表述与引导倾向，这是教师相对剥夺感产生的两大根源。

"在现代社会里，我们总爱拿自己的成就与被我们认为是同一层面的人相比较，身份的焦虑便缘此而生。"③ 虽然从纵向来看，教师整体生活质量在逐步上升，但幸福具有可比性，当与相似职业者的差距显著时，内心便产生相对剥夺感。传统的"文以载道"已失去了昔日的色彩，在商品经济的大潮中，"知识无用论"开始抬头。当相对剥夺感持续积累时，教师就会在情绪上陷入自卑和压抑。经济上的窘迫地位，常常会让一直坚信"知识就是力量"的教师感到无地自

---

① 黄白兰：《盲点：中国教育危机报告》，中国城市出版社 1998 年版，第 279 页。
② 何东昌：《中华人民共和国重要教育文献（1949 年—1997 年）》，海南出版社 1998 年版，第 4250 页。
③ ［英］波德顿：《身份的焦虑》，陈广兴、南治国译，上海译文出版社 2009 年版，序言第 2 页。

容：身边没有知识的人都已经过上了体面富足的生活，而自己却徒有一肚子知识，不但物质上不见起色，精神上也得不到应有的尊重。其实对大多数教师而言，他们所怕、所怨的不是物质条件，而是精神回报的不成比例。付出那么多的精力与情感却得不到理解与尊重，这才是最让人无法忍受的。

（二）世俗化的价值追求

市场经济以后的世俗化是物质主义与消费主义的合集，"所谓的世俗化，不是说不再有宗教，或者任何超越世界，而是说在这个世俗的社会中，人们的价值、信念和制度规范的正当性不再来自超越世界，来自另一个世界，而是此时此地的人们自我立法，自我决定，人是自由的，有自由的意志和理性，可以自由选择自己的命运，运用理性设计理想的未来"①。在世俗的洪流中，教师内心的理想信念渐被湮没，从政治的高地和道德的神坛上走了下来，生存与绩效成为他们生活中的关键概念。追求更好的物质享受，寻求获取更大的个人利益，成为一种普遍的价值选择。

1. 物质主义的生存取向

世俗社会的到来对教师的冲击显而易见，尤其是在教师物质待遇长期偏低的背景下，严重影响了教师的身份与职业认同。在历史与现实的对比中，教师内心的教育理想日益模糊，对人生与工作的意义不免产生困惑，价值追求也在谋生的过程中日益呈现出物质主义的倾向。

首先，渴求解决温饱的生存者。市场经济以后，在先富起来的一部分人的带动下，教师队伍中有些人辞职下海。"基础教育的基础在动摇"②，引发了"下个世纪中小学谁执教鞭"的隐忧，当时很多报纸、杂志都针对这一问题进行报道和讨论。1993年1月22日《中国青

---

① 许纪霖：《世俗时代与超越精神》，江苏人民出版社2008年版，第51页。
② 杨春茂：《基础教育的基础在动摇》，《瞭望》1994年第4期；杨春茂：《下个世纪中小学谁执教鞭?》，《社科信息文荟》1994年第6期；杨墨秋：《让教师在社会竞争中有安全感》，《瞭望新闻周刊》1994年第Z1期等系列文章。

年报》报道,仅 1992 年一年,全国中小学教师流失总额 45 万余人,其中广西有三个县仅半年时间就有 156 名教师"下海"。① 但需要强调的是,在大批下海的教师当中有部分教师并非缺乏教育理想,不可否认一些人是为了活得更好,但也有很多人只是为生活所迫。

其次,谋求名利兼顾的双栖人。20 世纪 90 年代的教师谋生取向主要体现在那些隐性流失的教师群体身上。前面已经谈到,在工资偏低且不到位的情况下,一些不甘清贫的教师选择了弃教从商,但还有很大一部分教师,虽然对眼下勉强过得去的职业与生活怨言颇多,但心态相对保守:既想增加额外收入又担心市场风险,这让他们游移在市场与学校之间寻找折中路线,最后通过发展第二职业成为旱涝保收的"两栖人",形成了教师队伍的隐性流失群体。根据浙江省某沿海地区的一份统计资料显示,教师队伍中真正愿意丢掉编制、弃教从商的,只占总数的 4%—5%;而身在曹营心在汉的这类"隐性流失"者,竟高达 23%,且绝大部分是青年教师,两者比例近乎 1∶5。下面一则案例是这种情况的典型代表:

> 教师 A 君,已在讲台上度过了 20 余个春秋。改革开放使 A 君所在的小镇日趋繁华起来,冒出了许多乡镇企业,生意好不红火。曾和 A 君"共患难"的几个同事个个腰包鼓鼓,神气潇洒,A 君真是别有一番滋味在心头。时不我待,经过一番思想斗争,A 君终于毅然"下海",到一家公司谋职。开头他着实为拿到比原来多得多的薪水高兴了一阵,但好景不长,由于经营不善,这家公司半年后便负债累累,入不敷出。A 君失望了,感到"海"味苦涩,不如教师旱涝保收,于是便去哀求校长重新返校。校长心软了,帮他重返了讲台。
>
> 经过这番折腾,A 君痛定思痛,豁然大悟:何不兼职,这样一剑(箭)双雕。于是他充当起"掮客"的角色:联系进货渠道,四处推销产品。几个回合下来,居然收益颇丰,忙得不亦乐乎。一天,由于连续几个晚上帮某企业联系一批紧俏原料,上课

---

① 转引自潘其胜《中小学教师的敬业危机》,《社会》1994 年第 9 期。

时竟在讲台上"呼呼"大睡。这下一时校园哗然,惹得一些青年教师心头痒痒。在他的启发之下,该校先后有10多位教师加入了"地下游击队"。他们大部分的精力与能力用在了商场上!①

双栖教师的存在,严重影响了教师队伍的整体形象,也间接影响了其他教师的工作热情。教师队伍中的隐性流失群体只是从物质的角度来思考如何通过职业更好的生存,忽视教师职业的特殊性及其人文意蕴,从而导致自身价值追求的世俗化。

最后,寻求社会适应的妥协者。整个社会环境的功利化是造成教育价值失衡,教育行为失范的根本原因。好的升学率意味着更多的荣誉,更多的晋升机会。教育的工具价值被无限放大,过度的追求效率、单一指标的社会竞争将教育引向了奴役之路。教育的经济功能得到突出强调,其他的功能,如政治、文化、社会等皆被忽视或者无视。遵循这一功利导向,有些学校也以市场的目标与逻辑来管理经营教育,业绩好的教师得到现金鼓励,行为失范者予以罚款处置;上课迟到罚五元,作业未批罚十元……教育中的人得不到任何的政治关照和思想教育。学校把教师当作盈利的工具,教师将学生当作赚钱的手段,最后的结果必然是"学生盯着成绩考评,教师盯着业绩考评"。这种管理与教育方式让师生的价值观走进误区,认为金钱是万能的,一切问题都可以通过金钱来解决;只有更好地适应社会,才会得到更多。2001年的"尹建庭事件"是当时教师群体的价值取向转向的一个缩影:"上学就是为了挣大钱,娶美女。"② 生活的幸福程度是由物质多寡来决定的,一切向前看就是一切向"钱"看。在这种价值观念的支配下,教师的行为选择很容易出现异化。一方面,片面追求升学率,忽视了对学生的全面培养;另一方面,为了一己之利,以教谋私。一位90年代初入职的教师在谈到市场经济前后的工作状态时,有这样的讲述:

---

① 陶侃:《身在校园心在"海"——中小学教师的"隐性流失"》,《社会》1994年第9期。
② 尹健庭,湖南株洲一重点中学教师,2001年在入学教育课上,用"读书就是为了挣大钱、娶美女"的言论来激发学生读书的热情,经媒体报道后,在社会上引起广泛的争议。

> 刚工作时（1990年入职）注重教学成果，身边的同事都看分数，期末拼命加班加点，要干出成绩，都是义务的，出于一种责任和义务，就是担心自己没有把学生教好。因为你像三率啊，平均分，优秀率，及格率，区里都要排名的。中午拿出时间来给学生改作业或个别辅导。家访和补课都是教师自愿的，也是一种惯例，现在这些东西都流失掉了。那个时候攀比意识是没有的，贫富差距并不大，即使有的老师老公当官，或者家里条件很好，他们还是在认认真真的教书，老师的心没有浮起来。大约在90年代末就开始有变化，这之前个别人偶尔补课收点钱，还躲躲闪闪，不好意思。可后来渐成规模，再到2000年以后，现在更别提了，已经如雨后春笋了，老师们的经济意识是非常强烈的，补课走班都是常态。①

教师经济意识的增强，是社会适应的必然结果，但若失去底线，通过职务之便谋取利益，便是对世俗化社会的一种妥协。生活的世俗化意味着生活的中心为物质所占据，精神退居二线，生存压倒理想。个体更多地考虑个人的现实利益，激情与理想这些精神象征失去了市场。人们不再仰望星空，他们关心的只有脚下，内容集中在衣食住行。理想，不再是对生活的超越，仅仅是局限在对生活的保障、对生活水平的改善本身。对某些教师而言，职业理想渐行渐远，教学只是谋生手段与工具，职业所带来的荣誉感、成就感微乎其微。不可否认，维持生存与生计是职业的首要功能之一，但只强调职业的经济功能并不能彰显教师职业的全部意义。"理想是一个人的奋斗目标，是个体所向往的或所要模仿的事物或人的主观形象。教师的理想具有不同的表现形式和层次。有的把个人发展作为奋斗目标，有的把多培养出优秀人才作为斗目标等。由于理想的层次不同，因此在教学工作中产生的动力也不同。"② 当一个教师的职业理想停留于物质层次，并在心中艳羡

---

① 访谈教师FSN。
② 沃建中：《师德素质教育的核心》，《光明日报》2008年10月18日第2版。

那些"挣大钱、娶美女"的人时，说明他的心中既没有学生，也没有自己，有的只是成绩排名和工资标准，完成任务并拿到工资就是工作的最大动力。

2. 消费主义的绩效取向

伴随着改革开放与市场经济的不断深入，受西方发达国家消费主义文化思潮影响，20世纪90年代中国人的思想观念与生活方式中已经开始呈现出一种消费主义的倾向。在消费主义的世界里，人类的消费需求是在生理性需求满足以后产生的符号性、意义性消费。正如里斯曼所说，在消费时代最大的需求不是机器、财富与作品，而是标新立异，追求所谓的个性，以炫耀自己的与众不同。追求个性与创造是一种积极的动力，但消费主义中的人所崇尚的却是一种异化了的发展性需求。因为在鲍德里亚看来，消费社会并不关注商品的使用价值，而是在意商品的符号价值，其实旨就是一种"炫耀性消费"，简单的差异等同于成功，追求外在的、形式上的与众不同，却忽略了内涵的开发。

消费主义的世俗倾向对教育的首要冲击就是教育生态的污化。在消费主义文化思潮的影响下，教育追求感观化、形式化……教育内涵被不断消解，整个教育生态呈现出一种虚荣、攀比的不良倾向。如有些学校在评重点、评名校过程，为了获得更多的文化资源不把精力放在内涵发展上，而是追求短期成效、走捷径，通过商业手段雇用"专业人士"写设计方案、做发展规划，利用文化资本拉关系，"走后门"；部分校长也并不是为了提升学校师资水平而加强教师在职培训，而是为了追求政绩指标才打造各种名师工程、开展文化交流，企图通过名人效应、品牌效应来为学校优化生源，增加知名度。在这些现象中，广泛存在消费主义的不良风气以及媚俗倾向，对提高学校的办学理念和教师的教学水平并无益处，只是想通过装饰、传媒效应来获取文化资源和发展平台，用商业的模式来经营教育。以消费方式打造出来的名校、名师与名课，平面化、类型化严重，千篇一律、千人一面，既无个性也无特色，层出不穷的改革也只是随着整个流行趋势和热点在不断摇摆，关涉其中的教师与学生既是消费者，也在被消费。总之，在教育中这些极端的、浮躁的消费文化，主要是通过教师业绩与学生成绩等控制方式强化了教育的应试化倾向,在这些非制度性因素的规约下,很多教师与学生不得不跟上消费时代的步伐。这里有一个应试教育的案例:

> 1998年9月,教师节前夕,四川省某重点中学高三(7)班在开学不到两周的时间里,辞退了三位英语教师。其中一位女教师P是前不久刚刚应聘到此中学,从教10年中她带出了三届毕业班,在当地教育界很有名气。这样的名师却在重点高中遭遇被学生辞退的尴尬,为什么这位英语实际应用能力水平不错的P老师不被学生接受?经过与学生交流,找到了问题的症结,一位接受采访的学生说:"对P老师,我们从心底里觉得歉意,我们也知道她的教学方法对我们实际应用能力很有好处,但在过去的11年里,我们接受的基本上是应试教育,我们实在无法在短而紧张的高三,一下子完全适应她的方式,而高考也不可能一下子来个转变。我们这届学生正处于应试教育与素质教育的交替之中,我们既感荣幸又觉困惑。"①

现实的生活世界,是教育、教师与学生无法超越的发展环境。在消费社会中,教育与其他商品一样也被视为消费品,教育过程就是负责生产身份和学历等符号的过程,体面的升学与就业意味着较高的经济回报,因而向既有的教育评价体系作出适应及妥协的行为努力成为人们的必然选择。处于这样的文化背景下,教师的价值取向不可避免地要遭受世俗生活的干扰和影响,开始侧重追求教育的业绩和效益。

首先,目中无人,追求业绩的技术型教师。在消费文化的价值体系中,经济回报是衡量商品价值的主要标准。在现实社会中,自我奋斗者、精神先驱者的崇高色彩已经失效,不再是大众的偶像;生活的功能和意义在于无深度的消费。② 在消费主义的价值导向下,教育及教

---

① 林雪、钟开友:《老师:请您走下神坛》,《同舟共进》1999年第3期。
② 王岳川:《消费社会中的精神生态困惑》,《北京大学学报》(哲学社会科学版)2002年第4期。

师职业背后的经济功能与符号意义得到凸显，好的教育业绩意味着更多的薪酬和更闪耀的头衔。在应试环境中，学生的升学率是体现教师业绩的一项主要指标。从形式上讲，好的升学率可以让师生更"体面"地活着，教师可以获取更多的物质回报，学生也可以博得一个好的前程，家长、学校和社会也都可以从中找到满足感。所以说，教师价值取向的异化，追求形式化的业绩是消费社会与应试教育合谋的结果。然而，消费主义对教师的负面影响并不止于此，在具体的教学实践中，它总是透过观念影响行为造成教学的技术化。教师为了分数与考试，往往只关注标准答案，并不断地对自己与学生进行相应的技术性训练，缺乏主动与反思意识，认为教学就是完成任务，达到指标即可，基于其他则很少思考。有学者曾批评指出："今天的中小学教师如果离开了《教学参考书》，至少有80%的教师写不好教案，上不好课；离开了《课堂同步练习》，至少有85%的教师出不好练习题；离开了《标准化试题》，至少有90%的教师命不好考试题；要是离开了统编教材，至少有95%的教师不知道怎样给学生上课。"① 此类情况的发生不是教师的知识不够多，能力不够强，而是他们的观念与思维受到了束缚，没有产生自主与创造的内在需求。在他们的观念中，现行的教育与考试只要按照大纲、教学参考书和练习册就足以应对，考点与重难点之外的探索与研究既提高不了自己的业绩，恐怕也无法让学生与家长满意。因而，在教师的课堂教学中普遍呈现出以应试为中心的技术化特征：

（1）完成认识性任务成为课堂教学的中心或唯一目的。教学目标设定中最具体的是认识性目标，浅者要求达到讲清知识，深者要求达到发展能力。其他的任务，或抽象、或附带，并无真正的地位。

（2）钻研教材和设计教学过程是教师备课的中心任务。尽管也提出研究学生的任务，但大多数情况下，只是把学生作为一个处于一定年级段的抽象群体来认识，研究的重点也是放在学生能

---

① 转引自胡东芳、陈炯《谁来塑造"人类灵魂的工程师"》，福建教育出版社2000年版，第113页。

否掌握教材，难点在何处等，依然是以教材为中心来认识学生。教学过程的设计除了课程进行的程序外，重点是按教材逻辑，分解设计一系列问题或相关练习，在教师心目中甚至在教案上都已有明确答案设定。

（3）上课是执行教案的过程，教师的教和学生的学在课堂上最理想的进程是完成教案。教师期望的是学生按教案设想作出回答，教师的任务就是努力引导学生，直至得出预定答案。学生在课堂上实际扮演着配合教师完成教案的角色。于是，我们就见到这样的景象：课堂成了演出"教案剧"的"舞台"，教师是"主角"，学习好的学生是主要的"配角"，大多数学生只是不起眼的"群众演员"，很多情况下只是"观众"与"听众"。①

其次，工作只为稻粱谋，为效益所累的事务型教师。消费文化中的效益主要是指商品背后的文化符号功能。受消费文化的影响，人们的职业观受到符号资本的深度驱动，对职业的关注重点不再是职业本身，而是职业背后的象征意义，因为这其中蕴含着人们对身份与地位的建构。与一定的现实条件与社会心态相适应，那些象征着地位、权力、财富的专业与职业成为热门选择。如含国际、计算机、经济贸易等字眼的专业在20世纪90年代十分火爆，而高等师范院校的招生数量却逐年下降，教育专业成为无奈服从的"调剂专业"。90年代中期关于师范生职业理想的调查数据显示，就毕业意向而言，仅有12.6%的学生乐意从事教育行业，而高达65.3%的学生对将来从事教育行业持无可奈何的态度；一位师范生在调查中无奈地表示："并非我不想上师范、当教师，但社会轻师的种种现象使人心寒意冷，前面的路怎么样，我迷茫。"② 在一个热衷于追求功名利禄的社会中，钱与权成为受人尊重的标准，人们不再对崇高的、理想的事物感兴趣，价值变得平面化，"财富"毫无悬念地成为人生的最高追求。教师职业是文化保守

---

① 叶澜：《让课堂焕发出生命活力》，《教育研究》1997年第9期。
② 袁雅莎、张清祥：《对师范生职业理想的调查与思考》，《南都学坛》（哲学社会科学版）1994年第5期。

主义的代表，常常被定义为是传统的，循规蹈矩的，穷酸的，死板的。总之，无论是物质方面，还是精神方面他们都是与消费时代扞格不入的一个群体。在这样的背景下，教师职业的吸引力大大下降，1992年，普通高等师范院校的招生数，从1991年的29.64万人下降到27.61万人；中等师范则由29.92下降到27.89万。"据悉，某师大是国家教委所属重点院校，1996年计划在所在市招生5名，结果只招到1名。北京师大计划招收531名，而录取时填报该校志愿和达到录取分数线者仅30多名，降低50分以后录取的人数才达到计划总数的43%，于是只有靠'免试保送'的办法来解决。"① 所以在90年代有这样一句顺口溜："三流的学生考师范，三流的师范生当教师，三流的教师留学校。"虽是一句调侃，但从某个侧面反映出当时教师职业地位不高、吸引力不强。

　　社会对教师职业的轻视与偏见严重影响着教师的职业信念与认同。基础教育阶段的教师职业要面对的是正在成长中的青少年群体，既要关心他们的知识学习，更要关照他们的思想与心理动态，繁琐、忙累、无边界的隐性劳动是中小学教师工作的基本特性之一，处于消费社会中的教师尤其如此。由于失去了追求理想与崇高的支持环境，教师的整个生存境遇更加恶劣，为世俗的符号效益所累是不可避免的。一方面工作压力，升学压力，考评压力以及社会舆论压力……不胜枚举，期望高，要求多，工资少，地位低，这种投入与回报的巨大反差让很多中小学教师身心俱疲。另一方面，为了迎合社会与学校的品牌效应，为名校、名师等称号努力，教师无法潜心教学，应接不暇地面对名目繁多的评估、考核表，这些行政性的事务在客观上加大了教师的工作负担。"有位中年教师说得很形象：从前累是备课、上课、改作业、管学生'四面出击'；而今多了交报表、迎检查、师培、开会，简直'八面受敌'了。而另外一些教师则说：'我们完全成了事务型教师了'。"② 在消费主义价值观

---

　　① 胡东芳、陈炯：《谁来塑造"人类灵魂的工程师"》，福建教育出版社2000年版，第10页。
　　② 胡东芳、陈炯：《谁来塑造"人类灵魂的工程师"》，福建教育出版社2000年版，第121页。

的笼罩下，很多教师的教育热忱被消解，时常感到疲惫不堪，身累心也累。由于失去理想信念的支撑，教师内心缺乏对工作与学生的热爱，缺乏美好教育生活的感受能力，他们的教育生活意义也往往被埋没在种种得失纠纷、人际冲突、职业攀比等琐碎当中，剩下的只是劳累、心酸与无奈。总之，教师的世俗化倾向是市场经济条件下，教师心态失衡、理想缺失的直接结果。消费主义文化重形式轻内容、重结果轻过程的倾向又进一步地消弭掉了教师的群体性动力，他们被欲望与功利的洪流裹挟，心态消极麻木，行为被动僵化。

（三）橡皮化的人格特征

"才者，德之资也；德者，才之帅也。"师德是教师其他相关职业特性形成与发展的动力和统帅，每每谈论教师一职，我们首先关注的往往是它的道德素养，而只有建立在人格基础之上的道德，才会产生教育意义，人格的失范必然会让师德失去向上的感召力量。

1. 理想人格的失落

市场经济作为一只"看不见的手"，动摇着传统社会的文化心理和价值取向。日常生活中的崇高与世俗，精神与物质，情与理，义与利等多元价值之间的冲突渐趋明显，传统的理想人格也在金钱和物欲的裹挟中逐步世俗化。

理想人格失落是从人格的去魅与去神圣化开始的。1993年王蒙在《读书》上发表了《躲避崇高》一文，对传统知识分子所扮演的社会角色进行深刻的反思，在文中他对王朔的那句"我一向反感信念过于执着的人"[1]予以了高度的认同。在他看来知识分子在当下不必总是以一种先知无觉的姿态循循善诱，以一种高高在上的姿态启蒙、疗救大众，而应该要进行必要的祛魅，做个普通人即可，无须神圣也不必躲避庸俗。这一观点与阐述从侧面反映了知识分子群体在市场经济条件下正在经受的价值冲突，站在理想与现实，崇高与世俗的十字路口究竟何去何从，成为横在每一位知识分子心中的人生追问。"世俗化是商业社会的普遍现

---

[1] 王蒙：《躲避崇高》，《读书》1993年第1期。

象，其本质的特征是追求物质、放纵欲望、悬置终极理想。于是在世俗化的社会中，世俗主义消解了理想主义，道德主义让位于物质主义和欲望主义。"① 步入市场经济的过程，不可避免地要成为知识分子从理想满怀走向萧条现实，从崇高走向世俗的人格转化过程。

  理想人格的失落是造成现实人格失范的主要原因。在一个价值多元的社会中，新旧价值的冲突、碰撞很容易让人们内心的价值标准出现混乱，当既有的价值体系被外来价值破坏，没有了统一的标准，新的价值体系又尚未形成时，个体的人格与行为就会因为缺乏明确的价值标准与导向而走向失范。从这个意义上可以说，是理想人格的失落导致了人格力量的集体弱化，间接地引发了现实人格的失范。受市场经济的冲击，淡泊名利、仁义守信、知足常乐等理想人格特质开始隐退，很多教师在世俗压力面前走下了道德的神坛，变得功利，通过课外补习或者停薪留职等方式来增加生活收入。精神与物质惯常是两难的，在收获物质利益的同时，他们失去的是精神上和人格上的财富，在家长、学生眼中也失去表率作用，他们的形象从伟大的灵魂导师蜕变为普通的知识搬运工。这种人格形象对自身的发展、学生的发展，乃至社会的发展都产生了一些负面影响。榜样的消极导向作用不容忽视，尤其是当主流价值观与他们那种庸俗的价值理念相契合时，会对社会产生巨大的负能量，诱发全面的人格危机。

  2. 橡皮人格的产生

  "在由传统社会向现代社会转型的过程中，多种人格并存，以及它们之间的冲突和融合是正常的。决定一个社会的典型人格特质主要有两方面的因素，其一是长期的文化留存及其习俗对于社会思维倾向的影响；其二是现实的政策、法律因素对人的生存方式的影响。"② 转型社会中的人们往往处在传统与现代的连续体上，由于受到两种不同的价值体系的支配，所以在他们的人格特质中通常存在着新旧冲突、前

---

① 苗祎：《传统理想人格的消隐与重建》，《河南师范大学学报》（哲学社会科学版）2007年第7期。
② 沙莲香等：《社会学家的沉思：中国社会文化心理》，中国社会出版社1998年版，第28页。

后交替的过渡性特点：既对现代的生活方式感兴趣，又逃脱不了传统文化心理的干扰；既享受着多元价值的包容开放，又要在内心承受着剧烈的价值冲突。经济基础的变化必然带来人格结构的变化，昔日理想人格的精神价值正在失去存在的基础，由现实条件所孕育的人格也在消费主义的文化环境中走向失范。现代社会人们所崇拜与向往的物质与享乐，生活中的榜样也不再是品格高尚的谦谦君子，而是那些圆滑务实的既得利益者。这种不健康的文化环境让作为知识分子的教师陷入强烈的人格危机，主要表现为人格的橡皮化。

《橡皮人》是王朔1986年发表的小说，描写的是一群自我迷失的现代年轻人，他们是一个隐藏了情感，遗失了精神生活的群体。作为一种社会性格，它是指人格中无梦、无痛、无意义的躲避崇高式的态度与行为倾向。表现之一，低成就感。进入20世纪90年代，随着市场经济的兴起，一个以技术与效率为主题的时代就开启了。教育的现代化程度日益加强，教师的学历水平与教学技能普遍提高，但随之而来的问题也不容忽视，教师的精神面貌并没有与物质基础的建设发展之间呈现正相关变化。在生活中有些教师耻于谈及自己的职业，感觉低人一等，认为自己地位低，形象木讷守旧，不受主流社会欢迎。在工作中有些教师也不满于被社会与家长作为生产效益的机器来对待，各种评比、排名、竞赛让教师目不暇接。一位1991年参加工作的小学语文教师在谈到市场经济以后的工作变化时，发出这样的感慨："我们老师所拥有的权力几乎没有，你只会哄哄孩子，赚钱又少，所以没有人尊重你，这个我们也可以不去想，但有的时候老师就连自己的课堂有时都决定不了，你的每个行为都被无形的东西控制着。我们这些学校在社会上，特别是小学，相对来说升学的压力不是特别大，就是一个边缘的单位，处于弱势地位，上一级行政单位的有些活动经常需要我们来组织学生积极配合，极大的干扰了我们的教学秩序，但是没有办法，你身在这个位置上，就必须要按要求去做，每到这个时候我就会觉得自己很悲哀，也很无奈。"[①] 这种被社会轻慢、操纵、约束的感

---

① 访谈教师 WXJ。

觉让教师身心疲惫，找不到生活与工作的价值与意义，人格中自卑、屈从的特质逐步累加。表现之二，不被理解的孤独感。这种孤独感主要来自社会与家庭两个方面：社会苛责教师只抓应试教育，没有培养出来符合时代要求的创造性人才；家庭报怨教师只知道工作，培养了别人的孩子，却忽视了自己的孩子。内心的教育理想没有展示的空间，付出的努力得不到尊重和理解，甚至连最基本的自尊需要也得不到满足。处在夹缝中的生存状态，让教师倍感压抑，身累心更累。表现之三，冷漠麻木。进入转型期以后，社会的结构、体制和文化等各个方面都发生了变动，价值标准与规范也随之改变。由于新旧价值的交替，一些价值真空现象也随之产生，一时间各种社会问题层出不穷，社会对教师的责任和要求也与日俱增。过多、过高的期望，常常让教师置于巨大的精神压力之下，当教师无法达到这些标准时，便会在内心产生自卑感，挫败感，情绪低落，内心倦怠。为了自我调节，他们通过冷漠进行被动的自我保护，保护脆弱的自尊心和薄弱的信念，对什么都持一种无感觉，无所谓的态度，变得麻木。面对生活与工作接踵而至的各种压力与变化，他们常常不能主动应对，而是通过回避、忍耐与等待等策略来化解，处处体现出情感枯竭、价值枯竭的去人格化特征。

三 由教师流失现象引发的精神困惑

教师流失现象在20世纪90年代比较突出，并由此引发了一系列问题，促使人们开始反思教师的职业定位与社会地位。以此为论点的声音基本有两种：一种认为90年代的教师是值得同情的，因为他们虽然工资不高，却既要承受知识与道德的双重压力，还要忍受社会的轻慢和舆论的苛责；一种声音认为90年代的教师也需要批评，因为他们的精神已经沉沦，在功利和世俗的包围中缴械投降了。我们的意见是：理解教师当时的处境，但并不赞同教师的价值选择，有必要从精神层面入手重建教师群体的道德形象。因为每种职业都有其内在的职业伦理与底线，既然选择了这个职业就要严格按照底线伦理来要求自己，这是做人与做事的一个最基本前提。先来看一则发生于90年代的普通案例，它代表了当时教师群体内部的一种生活状态，极具时代性：

> 1997年，我中师毕业，被分配到小学。刚踏上讲台，对工作充满了热情，教学给了我充实和快乐。但这些感觉很快就消失了，备课，上课，批改作业，辅导自习，每天都是这样单调地重复，我想要是这样干一辈子，会有什么出息？
>
> 为了我上学，家里欠下了不少债，本指望毕业后拿工资偿还，但每月就200多元的工资，干了几个月，连一分也没有领到。为了生活，只得从家里拿馍，背面，还得向父母要钱。我身为长子，不但不能接过父母肩上的担子，还要给家里增加负担，心里很不是滋味。加上感情的事也不顺利，毕业后，先后有人给我介绍过几个女朋友，都以失败告终。后来，认识了一个女孩儿，人长得挺俊秀，我感觉是自己心目中的那种，两个人谈得也比较投机。相处了两个多月。她父母知道了，打听到我是个教师，坚决不同意我们来往。她迫于父母的压力，和我分了手。这对我打击很大。当教师，连称心的对象都找不到，我思考再三，决定出去闯闯。
>
> 1998年春节刚过，我不顾家人反对，带着一个年轻的梦，混入了南下的打工潮。
>
> ……①

类似这样的案例在20世纪90年代十分普遍，前文中就有提到过。这位教师的遭遇读着确实令人心酸，90年代的中国影响教师队伍流失的问题是结构性的：机械、重复的工作性质，偏低且拖欠的工资待遇，不被看好的社会地位……这些因素掺杂在一起混合、撕扯、发酵直至最终以离职的方式爆发。可见，教师思想观念及其价值取向的变化并不是一个完全主观的过程，而是有着复杂的现实基础。再进一步讲，

---

① 李默、刘肖：《100个基层教师的口述》，天津社会科学出版社2004年版，第180页。

教师价值取向的积极变化并不是自发的，除了需要教师主体内部的自我规约、提升，还不可缺少外在的物质保障和制度保护。所谓经济基础决定上层建筑，当个体的基本生存需要得不到满足时，很难发展出更高层次的需求。言而总之，教师价值取向问题是一项复杂的系统工程，它既需要现实层面的考察，又需要规范层面的制度保障，更需要价值层面的精神反思。

每个时代都有每个时代的问题与困惑，每个时代都会在每代人的思想与心灵上留下相应的印记。自党的十一届三中全会以来，伴随着教育现代化进程的加速，特别是1992年市场经济确立以后，知识分子群体内部发生了很大的分化。分层化、分利化与世俗化这三大现代化因素对中国知识分子的价值观、人生观及其所承担的社会功能的认识，都产生了相当大的影响。[①] 同时也引起了很大的精神困惑：经济人与道德人的较量，经师与人师的博弈。市场经济对知识分子的道德感与使命感的冲击是致命的，让他们变得既功利又世俗。首先，市场化与功利化是同一过程的两个方面。在由市场经济而产生的利益分化过程中，一些教师受到利益驱使开始放弃肩上的启蒙责任，为了追求更好的业绩和更优渥的生活，表现出一些与人民教师不相称的失范行为。其次，现代化本身就是一个不断世俗化的过程。20世纪90年代以后，中国社会的世俗化过程明显加快，人们更加关注世俗生活的衣食住行。具有理想性特征的东西很难在学生与家长那里得到认同和回应，充满理想与激情的教师常常在冷漠的现实中受挫。教师作为一个社会中的普通一员，要做到不受身边世俗观念的影响，其内心必须有强大的定力，这种定力一方面来源于教师对自己责任与使命的理性认识；另一方面来自外界的精神支持。虽然在内忧外患的情境中很难突出重围，但也并非没有出路。

随着个人意识的觉醒，人们逐渐从义利对立的阶级立场中超脱出来，在集体与个人、公与私、义与利的价值天平中价值观念明显开始向后者倾斜，对实际效益的关注大大增加。这种价值观念的变化构成

---

① 萧功秦：《知识分子与观念人》，天津人民出版社2002年版，第134页。

了一个新的困惑：纵向地看，现今教师的物质处境比过去好了很多，但为何心理境况与精神境界却相去甚远。精神的问题最终只能通过精神来进行根本性解决，教师的价值取向问题若仅靠外在的制度环境来突破可能性微乎其微，外在的条件再优化，也只能是条件性基础，只能起到辅助性的作用。"社会文化环境在很大程度上决定着教学活动的价值取向，左右着教学活动的内容乃至教学方式和方法的选择……承认社会文化环境对教学活动的限定和规约，并不意味着教学活动就没有了价值的、文化的自主性，完全依附于外部社会文化环境，任凭外部社会文化环境的摆布。"[1] 诚然，教师的制度环境是决定其精神形象的基础性条件，也是了解该群体生活水平、生活方式的重要维度。但"仓廪实而知礼节，衣食足而知荣辱"并不是自然发生的，也是需要一定的内在条件。重塑教师的精神群像，就是还原教师作为精神存在的本质。倘若不在还原精神的本质意义上建设、发展，最后取得的必将是"皮洛士式胜利"。任何一个民族、国家、组织、群体、个体，它们的存在都是以一种独特的、具有生命力的精神为灵魂支撑，若没有了内在的精神，便徒剩虚妄的形式。关于这一点，韦伯早在《新教伦理与资本主义精神》中就已经揭示了一定社会的精神气质和人格特点对社会兴起与发展的基础性意义。在他看来，任何一个社会的现代化过程实质上就是由现代精神推动，并由具有现代精神的人所创造的。总之，现代化的精神与人格才是实现现代化的关键。这一发现对我们教师群体的精神形象建构具有重要的启示意义，要建设一支具有现代化素质的教师队伍是必要的，而且向教师的精神维度回归是这一建设的基本前提。因为制度的有效供给不能凭空产生，实质上是对既有社会利益关系的根本性调整，亦是对既有生活方式的根本性改变，没有自觉的自我价值省思与批判精神，制度很难生根，一切都成为空谈。

---

[1] 徐继存：《教学文化：一种体验教学总体问题的方式》，《教育研究》2008年第4期。

第五章

信息社会教师价值取向的技能维度

与20世纪90年代相比,"信息化"和"全球化"的凸显在21世纪成为中国社会的显要时代特征。在2000年党的十五届五中全会上,以信息化推动社会主义现代化发展的路线得以确立,拉开了中国信息化社会建设工程的序幕;2001年中国成功加入世界贸易组织,它是中国主动融入全球化趋势的一种努力,也标志着全球化对中国将产生越来越深远的影响。这些重大历史事件以及相关的政策变动极大地推动了中国社会的改革进程,也意味着新的世纪必将成为我国社会主义现代化建设的关键阶段。

一 数字经济时代的变革与挑战

步入21世纪,信息技术广泛渗透到市场经济和社会生活的各个角落,数字化转型成为社会发展的一种必然趋势,人们的生产方式、生活方式和学习方式等方面都发生了显著的变化。

(一)数字化的生存方式

"从新世纪开始,我国将进入全面建设小康社会,加快推进现代化的新的发展阶段。"[①] 随着全球化和信息化趋势的加强,数字化成为21世纪国际意识形态领域新的竞争形式,因而党和国家对整个社会的数字化转型工作也一直持高度重视的态度。20世纪90年代以来,相继启

---

① 《中共十五届五中全会在京举行》,《人民日报》2000年10月12日第1版。

动了几项重大信息化应用工程,并于1997年,召开了全国信息化工作会议。21世纪伊始,在2000年党的十五届五中全会上更是把信息化提到了国家战略的高度。此后,国家信息化发展的相关战略日益紧凑、具体。"党的十六大进一步作出了以信息化带动工业化、以工业化促进信息化、走新型工业化道路的战略部署;党的十六届五中全会再一次强调,推进国民经济和社会信息化,加快转变经济增长方式。"① 2006年,中共中央办公厅、国务院办公厅印发了《2006—2020年国家信息化发展战略》,这是我国首个信息化发展战略,《战略》详细部署了下一个十五年,我国信息化发展的指导思想、目标、重点、行动计划以及相关保障措施。该战略的发布是影响我国信息化发展的一个关键事件,开启了我国信息化社会建设的新篇章。

数字化作为文化资本在信息社会的一种重要表现形式,是实现社会信息化的重要方式与手段。"20世纪90年代以来,信息技术不断创新,信息产业持续发展,信息网络广泛普及,信息化成为全球经济社会发展的显著特征,并逐步向一场全方位的社会变革演进。进入21世纪,信息化对经济社会发展的影响更加深刻。"② 在当今社会,信息数字资源正在逐渐成为关键的生产要素,以独特的方式参与着社会财富的生产与分配。在信息化趋势下,各行业都面临着生存的数字化转型,引发了生产方式与生活方式的变革。概括地讲,数字化对人们生存的影响主要体现在三个层面:技术工具存在形态,社会结构存在形态和个体生命存在形态。③ 在生产上,机器生产逐渐替代重复性及机械性的人工操作,对人才的要求也越来越集中于应用与创新上,数字信息技术成了每个人必须掌握与学习的一项生存技能,是在信息社会实现能力化生存的决定性因素。在生活中,数字信息技术也正在悄无声息地改变着我们的日常,到处充斥着以宽带网络、大数据、云计算等字样

---

① 《中共中央办公厅、国务院办公厅印发〈2006—2020年国家信息化发展战略〉》,《人民日报》2006年5月9日第1版。

② 《中共中央办公厅、国务院办公厅印发〈2006—2020年国家信息化发展战略〉》,《人民日报》2006年5月9日第1版。

③ 叶澜:《21世纪社会发展与中国基础教育改革》,《中国教育学刊》2005年第1期。

与方式，人们时刻被手机、电脑、平板、多媒体等电子媒介包围着。随着信息技术的生活渗透，数字已经成为一种工具，甚至发展为一种文化，犹如滋养生活的水与空气一样，融入了人们生活的方方面面，潜在地改变着人们的价值观念与行为方式。

信息化与全球化共同构成了现代社会的数字经济形态，它们是一体两面的过程相互促进，推动了人们教育观及人才观的更新和变革。"从某种意义上说，加入世贸组织对我们的考验，归根到底是对我国各类人才队伍素质的考验。这就要求我们必须更加重视人事制度改革和人才队伍建设，抓紧培养和造就一支能适应加入世贸组织后我国经济和社会发展需要的人才队伍。"[①] "面对前所未有的机遇和挑战，必须清醒地认识到，我国教育还不完全适应国家经济社会发展和人民群众接受良好教育的要求。教育观念相对落后，内容方法比较陈旧，中小学生课业负担过重，素质教育推进困难；学生适应社会和就业创业能力不强，创新型、实用型、复合型人才紧缺。"[②] 计划经济条件下的权力化生存已经无法适应当下的社会需求，在数字经济时代，人才的素质和能力才是第一位的，能力化生存成为教育及人才培养的核心目标。总之，在国家的高度关注和支持下，一系列与信息化建设相关的规划、工程及标准的相继颁布和实施，我国现代化建设开始进入快速推进和发展阶段。在推进社会信息化的各个方面，首先是教育信息化。

（二）教育的信息化建设

我国基础教育的信息化建设工作经历了20世纪80年代的初步探索和90年代的稳步推广，进入21世纪，伴随着经济全球化和以信息化推动中国特色社会主义现代化建设的发展路线的确立，教育的信息化建设也开始进入全面普及和质量提升阶段。顺应全球化与信息化的

---

① 《加入世贸组织与我国人事制度改革（学习贯彻中央经济工作会议精神）》，《人民日报》2002年3月19日第9版。
② 《国家中长期教育改革和发展规划纲要（2010—2020年）》，2010年5月5日，http：//www.moe.edu.cn/publicfiles/business/htmlfiles/moe/moe_838/201008/93704.html，2016年2月13日。

时代趋势，先后提出了中国教育要与"国际接轨"和"教育信息化"等口号。在学校教育实践中率先作出反应的是：学校信息技术设施的普遍改善，信息技术课的普遍开设；教师信息技术培训的普遍进行和外语教学的普遍加强。① 这些显著的信息化建设成效是在政府的大力支持下产生的，在全球化、信息化的背景下，党和国家对教育的期望日益加强，出台了一系列的政策、制度为加快教育的现代化建设提供保障。

2000年10月14日，教育部发出《关于在中小学实施"校校通"工程的通知》，决定在全国中小学实施"校校通"工程，全面开启中小学的校园网建设与普及工作。争取用五年到十年时间"使全国90%左右的独立建制的中小学校能够上网，使中小学师生都能共享网上教育资源，提高所有中小学的教育教学质量，使全体教师能普遍接受旨在提高实施素质教育水平和能力的继续教育"②。紧接着，为了贯彻党的十六大精神，在顺利实施《面向21世纪教育振兴行动计划》的基础上，教育部于2003年特制订了《2003—2007年教育振兴行动计划》。这一计划旨在"为构建中国特色社会主义现代化教育体系，为建立全民学习、终身学习的学习型社会奠定基础；培养数以亿计的高素质劳动者、数以千万计的专门人才和一大批拔尖创新人才，把巨大的人口压力转化为丰富的人力资源优势；加强教育同科技与经济、同文化与社会的结合，为现代化建设提供更大的智力支持和知识贡献"③。2007年5月18日国务院又转批了教育部《国家教育事业发展"十一五"规划纲要》，其中明确提出："以教育信息化带动教育现代化"，将教育信息化提到了现代化建设的战略高度。2010年《国家中长期教育改革和发展规划纲要（2010—2020年）》指出："信息技术对教育发展具有革命性影响，必须予以高度重视。把教育信息化纳入国家信息化发展整体战略，超前部署教育信息网络。到2020年，基本建成覆盖城乡各

---

① 叶澜：《21世纪社会发展与中国基础教育改革》，《中国教育学刊》2005年第1期。
② 中国教育和科研计算机网：《教育部关于在中小学实施"校校通"工程的通知》，http://www.edu.cn/20020327/3023655.shtml.
③ 《2003—2007年教育振兴行动计划》，《人民日报》2004年3月31日第11版。

级各类学校的教育信息化体系，促进教育内容、教学手段和方法现代化。充分利用优质资源和先进技术，创新运行机制和管理模式，整合现有资源，构建先进、高效、实用的数字化教育基础设施。加快终端设施普及，推进数字化校园建设，实现多种方式接入互联网。"①

基础教育阶段的数字化校园建设，就是在这一教育信息化的大背景下开始实施的。数字化的教育"将彻底改变千百年来以教师讲授、课堂教学为基础，劳动强度大、效率低的传统教育教学模式，使教育完成从劳动密集型向技术密集型行业的历史性转变，实现教育中人力、物力资源的多层次开发合理配置，从根本上解放教师的生产力和师生的创造力"②。这不仅是一种学术的追求，而且是教育工作者的时代使命。数字化教育应该具备五个主要特征，即人员＋环境＋资源＋技术＋成效，其中首要一条就是人员，即拥有一支由骨干教师引领的，具有一定教育理论水平和改革意识，掌握基本的现代教育技术，有较高信息素养，并能遵循先进教育理论，在教育教学中自觉有效地应用现代信息技术的师资队伍。③

（三）教师专业发展的信息化

在21世纪，信息化已经成为一种明显的全球化趋势，信息化水平被普遍认为是衡量一个国家现代化程度和综合国力的重要依据。提高国民的信息素养，培养信息化人才是国家信息化建设的根本目的所在。教师教育信息化是教育信息化重要组成部分，是推动教育信息化建设的关键力量，不仅是基础，而且是实现信息化社会由形式到内容的中介。但就21世纪初的教师综合素养来看，中小学的师资水平与信息技术教育发展水平存在相当程度的不匹配现象，教师教育机构普遍存在着"信息基础设施和资源建设薄弱，现代信息技术和教育技术在教育

---

① 《国家中长期教育改革和发展规划纲要（2010—2020年）》，2010年5月5日，http://www.moe.edu.cn/publicfiles/business/htmlfiles/moe/moe_838/201008/93704.html，2016年2月13日。
② 桑新民：《基础教育如何迎接数字化生存的挑战》，《人民教育》2001年第8期。
③ 董艳等：《中小学数字化校园建设现状及未来发展》，《中国电化教育》2011年第7期。

教学中尚未普及，不能广泛应用现代远程教育和网络教育手段等方面的问题"①。所以如何建设一支数量足够、质量合格的具有较高信息素养的中小学师资队伍，是实现信息技术在中小学逐步普及和应用的关键。

2000年10月，教育部部长陈至立在全国中小学信息技术教育工作会议上讲话时指出，"我们应当增强紧迫性，在基础教育的改革中把培养学生应用信息技术的能力放在重要位置，加快对信息人才的培养，迎接信息化发展对基础教育的挑战。要在各级各类学校积极推广计算机及网络教育，在全社会普及信息化知识和技能"②。根据这一讲话精神，为了全面提高中小学教师的信息素养，实现教师教育的跨越式发展，2002年3月1日，教育部发布《关于推进教师教育信息化建设的意见》，提出了"十五"期间推进我国教师教育信息化建设工作的指导思想、原则、发展目标和具体措施。《意见》明确指出，教师教育信息化建设要"以邓小平同志'教育要面向现代化，面向世界，面向未来'重要思想为指导，全面贯彻落实《中共中央国务院关于深化教育改革全面推进素质教育的决定》和《全国教育事业第十个五年计划》，坚持解放思想，因地制宜，开拓创新，与时俱进，注重应用，立足于培养具有创新精神和实践能力的新型中小学师资"③。为了落实，进一步提高我国中小学教师的教育技术应用能力，2004年12月25日，教育部颁布了我国第一个中小学教师能力标准——《中小学教师教育技术能力标准（试行）》。《标准》的颁布和实施，在全面推进基础教育课程改革和加快推进教育信息化发展，提高和发展教师专业能力，指导和规范中小学教师教育技术培训，增强培训的针对性和实效性等方面起到了积极的作用。在此基础上，2005年4月4日，《教育部关于启动实施全国中小学教师教育技术能力建设计划的通知》发布，决定于2006

---

① 《教育部关于推进教师教育信息化建设的意见》，2002年3月1日，http://www.edu.cn/20021119/3072463.shtml，2016年2月15日。

② 《教育部提出用五到十年时间中小学基本普及信息技术教育》，《人民日报》2000年10月26日第5版。

③ 《教育部关于推进教师教育信息化建设的意见》，2002年3月1日，http://www.edu.cn/20021119/3072463.shtml，2016年2月15日。

年开始在全国范围内推开。到2007年年底，各省（自治区、直辖市）通过采取多种途径和方式，使绝大多数中小学教师普遍接受不低于50学时的教育技术应用能力培训，并参加国家统一组织的教育技术能力水平考试认证。[①] 这一计划的实施为我国中小学教师教育技术能力的提升提供了保障，也为教师的专业发展拓宽了疆域。

在信息社会条件下，仅具备理论素养和教学知能的教师是达不到师资标准的，教师的教育技术水平也是教师专业能力的重要组成。教师专业化发展与教师教育信息化是一个相互促进的过程，教师专业化发展过程要求教师不断掌握和运用现代化信息手段提升自身水平，运用信息化工具进行自我学习和提高，运用现代化工具辅助和提高教学，运用全新的教育教学理念促进学生学习，在学科教学的同时促进学生信息素养的提高。[②] 而教师教育信息化工作要求教师在认识观念上进行更新，要求教师在教育教学能力方面不断提高，要求教师不断运用现代化工具进行专业实践，促进专业成长。在信息化、数字化的环境中，教师"闻道在先"的学识优势尽失，传统那种"师道尊严"的职业色彩也日益淡化。与时代的脉搏一致，学生最需要掌握的不仅是知识，更是获取知识的方法和检索信息的能力。信息技术对教师既有帮助也形成挑战，一方面，它是支持教与学的有力工具，提高了教育的针对性和时效性；但另一方面，在数字化转型的信息时代，教学不仅面临着技术的更新，更关涉文化的变革，如何实现教育科学、人文素养与信息技术的融合，是每个教师都必须面对的严峻任务。

信息技术普及后的课堂，从教学方式到师生关系均发生了极大的转变。课堂教学的技术转向既是物质形态的变革，更是文化及观念上的更新。从目标到过程，从环境到手段，每一个环节的细微变化都会最终落实在教师的价值观念层面，影响教师的发展取向。在追求专业化的过程中，教师的教学效率越来越高，但同时也出现了不少问题，

[①] 《教育部关于启动实施全国中小学教师教育技术能力建设计划的通知》，2005年5月19日，http://www.moe.gov.cn/publicfiles/business/htmlfiles/moe/s3317/201001/xxgk_81753.html，2016年2月10日。

[②] 钱研：《教育信息化对教师专业发展的影响》，《中国成人教育》2012年第1期。

如教学的技术化、实用化倾向。受诸多因素影响，在科层化的管理体制与量化的考评机制中，教学不仅是一种专业活动，而且成为一门技术活，很多教师也因此而练就了根据不同的听课者、评课者的需要备课、上课的本领。与此同时，越来越长的工作时间和越来越大的工作压力让部分教师被负面的情绪主导，职业认同危机严重，直接导致了工作只为稻粱谋的价值取向。

二　技术型教师的有用崇拜

在本章中，主要通过访谈与问卷的形式对当下的教师价值取向予以考察。在调查工具的选择方面，因国内外尚无现成的测量教师价值取向的量表，所以本书在对已有的教师价值观及与其相关领域的研究成果的学习基础上，借鉴与教师价值取向密切相关的成熟量表，如价值观量表、教师职业价值观量表、教师工作压力量表等成果，结合观察与访谈研究，编写出《中小学教师价值取向问卷》（详见附录一）。经过一轮试测，根据存在的问题对个别维度及题目进行了调整和改进，之后展开大规模的实证研究。本研究中所编写的问卷主要包括三部分：第一部分是背景信息，包括教师的性别、教龄、学历/学位、政治面貌、职称、学科、学段和地域等；第二部分是了解教师价值取向的选择题；第三部分是关于教师价值取向的排序题。排序在价值观的体系是一个关键问题，所谓不同文化和价值观的区别，就是排序的区别，把什么东西排在最优先的位置，这才是最重要的问题。价值的排序是决定一种价值观到底是什么样的一个根本的条件。[①] 鉴于这一点考虑，所以问卷的最后一部分增加了价值排序题。而且在整个调查结果分析中，也主要是以价值排序的方式来呈现教师的价值取向。

结合前面的文献分析可以发现，进入 21 世纪以后，受全球化和信息化的影响，随着现代化进程的加快，中国人在价值观和社会心态上呈现出一种复杂的二元化特征，常常在社会实践中表现出传统与现代

---

① 赵汀阳：《说出来的价值观和做出来的价值观》，出自潘维、玛雅《聚焦当代中国价值观》，生活·读书·新知三联书店 2008 年版，第 169 页。

的对峙,东方与西方的冲突。"① 这种二元性特点既是价值多元的表现,也是价值冲突的根源。人作为社会关系的总和,其思想意识与价值观念必定离不开社会的促进与干扰。对社会的基本认识和理解是价值观念形成的前提,身处从传统到现代的快速过渡时代,价值观念的转型势在必行。全球化经济的自由与开放,信息化社会的即时性、便捷性在很大程度上加快了人们的生活节奏,改变了人们对教育的需求,创新型、实用型、复合型的现代人才成为社会关注的重心。与此相应,教师的基本职能与素养也发生变化,这些新的需求与既有的价值规范共同充实、丰富了整个社会的价值图谱,让教育中的人的选择有了更大的空间,价值追求更加开放多元,人格也相对主动。

在这一价值判断的基础上,我们根据教师价值取向的分析结构及表现维度,即社会心态,价值追求(包括专业精神)和人格特征,设计了中小学教师价值取向问卷。在研究的样本选择上,需要说明两点。首先,根据我国1997年后东、中、西三大经济地区划分标准确定样本区域,东部地区选择了浙江、山东;中部地区选择了黑龙江、安徽、河南;西部地区选择了重庆、云南和青海。其次,本研究中问卷发放总数为1600份,其中东部地区600份,中部与西部地区各500份。共回收问卷1479份,其中有效问卷1152份,回收率为92.43%,有效率为77.89%。调查结果显示,千余名被调查教师的价值取向情况与我们文献分析的结果大致吻合,呈明显的正态分布状态,从侧面印证了教师专业发展中的实用化取向推测。在信息社会条件下,随着专业发展和应试教育的不断强化,教师的内心世界已逐渐变成一个以实用为导向的功利世界。中小学教师"以用为上"的价值取向主要是通过以下四个方面来表现。

(一) 宽容却寂寥的社会心态

在社会转型阶段,文化思想层面的多元,甚至混乱是不可回避的。但价值多元与混乱并不是存在必然的联系,只有失去核心价值支撑的

---

① 周晓虹:《中国人社会心态六十年变迁及发展趋势》,《河北学刊》2009年第5期。

价值体系才会陷于危机。客观讲，价值多元的文化环境并不是一件坏事，它可以促进个体的独立意识和创造精神，没有标准的价值多元才会走向极端。所以对于国家与社会而言，问题并不在于纠结价值多元好不好，而是要思虑如何在既有条件下，以适当的方式对民众加以政治与思想上的引导，让人们能够在复杂的发展形势中理性地明晰责任与立场。"学校是社会正式规定的负责使年轻人社会化、学习特定的本领和价值标准的机关。我们一般总以为学校主要是传授技能和知识，这当然是它的主要功能之一。但是各个社会中的学校还从事着直接向学生灌输价值标准的工作。"① 教师在其中的作用不容小觑，他们的社会心态不仅决定着自身的价值取向，而且也影响着学生的价值标准与道德选择。

在信息化社会形成与完善过程中新旧价值更迭迅速，这必然使当代中国人在价值观念上呈现出一种前后断裂式的过渡性特征。为了更好地适应、融入日新月异的社会，心态的自我调适是必要的。已有的研究表明，劳动性质同个人的价值取向、心理过程和自我意识有密切联系。②经过调查和对比分析发现，在教师的社会心态方面，教师的显著性差异集中在职业认知上。详见选择题第14题（"时常为自己是一名教师而感到自豪"）和第19题（"教师的社会地位越来越高了"）（见表5-1）。

表5-1 教师社会心态选择题调查结果统计对比表

选择题14：时常为自己是一名教师而感到自豪。

回答：		
1. 完全不同意		30.04%
2. 基本不同意		0
3. 不确定		22.05%
4. 基本同意		31.68%
5. 完全同意		16.23%

---

① ［美］伊恩·罗伯逊：《社会学》，黄育馥译，商务印书馆1991年版，第159页。
② ［苏］伊·谢·科恩：《自我论》，佟景韩等译，生活·读书·新知三联书店1986年版，第199页。

续表

选择题19：教师的社会地位越来越高了。	
回答：1. 完全不同意	32.56%
2. 基本不同意	27.34%
3. 不确定	25.69%
4. 基本同意	10.76%
5. 完全同意	3.65%

如表5-1所示，在第14题中，作出"完全同意"和"基本同意"的教师分别占16.23%和31.68%，即"同意率"约占答题人数的47.91%；认为"不确定"的有22.05%；而不同意率也占到了30.04%。说明对待这一问题的态度分化不是特别明显，但能看到认同的比率要高于不认同的比率，但若考虑态度中立者，认同度并不算高，尚不足半数，可见教师的职业认同程度偏低。相关的访谈资料也得出与选择题一致的结果，在问到"在平时，您会为自己的职业而感到自豪吗？"时，一位7年教龄的小学教师这样回答：

> 刚工作时觉得教师很了不起，把自己的知识教给学生，让他去认识世界，看到学生有进步，哪怕只是多认识一个字，就很有成就感！可是现在呢？想一想社会上的评价，好一点的认为，教师在老百姓的眼中就是"全职保姆"，一个打工的，拿钱干活；更有甚者认为现在的教师都不是什么好人，不给红包就不给孩子好脸色，家校关系也很紧张，荣誉感荡然无存，我们当教师的，有时真是很压抑，又累又不讨好。唉，其实话又说回来，干什么都不容易，做好自己吧。①

职业认同感是检验教师社会心态的重要维度，关系到教师的荣誉感、成就感以及幸福感，并呈正相关。职业认同感越低，职业带来的

---

① 访谈教师JP。

相关积极情感与态度就越少。从纵向对比的角度看，少了前几个历史阶段的激烈，整体上呈回归趋势，职业认知越来越冷静、客观。

在第 19 题中，我们可以发现，多数教师不认同社会地位有升高的趋势这一说法，不同意率高达 59.9%，也就是说近六成的教师认为教师的社会地位没有提高。这一结果，与现实的情况基本吻合。记得 2009 年教师节前夕，时任国家总理温家宝在考察北京三十五中时进行了重要讲话，后经整理、归纳出五个问题，并约请相关领域的研究人员讨论、解答。五个问题很具现实性和针对性，其中问题之五就是"教师地位为何总没到位"。10 月 23 日《人民日报》发表了李镇西校长回应温总理五问中国教育的教改意见之五，教师地位为何总没"到位"？[1] 也引发了社会上的一些讨论。自改革开放以来，我们国家一直在谈提高教师社会地位，经济待遇逐渐提高，但工资优势仍不突出，可教师职业的吸引力在上升也是一个不争的事实。前几年成都有一项调查显示，有超过六成的白领想当教师。这种矛盾与反差其实可以促使教师对自己的职业进行反思，教师对自己职业定位变得理性，不再单纯地抱怨薪资待遇不高，而是能认识到教师职业的特殊性，客观地理解自己的现状。四川省成都市新都一中的语文教师夏昆在接受记者采访时这样说：

> 如果只是为了钱，最好不要当老师……我不是为了工资而教书，而是为了孩子们而教书，我看到我的孩子们在我的课堂上有收获、得到尊重、得到认可、得到提升，这就是我的幸福。对于我个人来说让一个被应试折磨得迷失了自我的孩子重新找到自身存在的价值，比教出多少个北大清华学生更重要，也更幸福。为了这种幸福，我甚至可以在一定程度上做出一些牺牲，比如资金少点，不被某些领导认可或者失去一些所谓评优的机会，但是我以为这是值得的，还有什么比成就生命的美好更重要更幸福的事情呢？[2]

---

[1] 倪光辉等：《5 问教师地位为何总没"到位"》，《人民日报》2009 年 10 月 23 日第 11 版。
[2] 夏昆：《想发财最好不要当老师》，《中国教育报》2015 年 9 月 7 日第 5 版。

另如,浙江省一位中学教师在谈到自己职业心态时如是说:

> 教师社会地位的话,其实还好。说实话要看对什么人来讲,我自己的话我觉得社会地位不是别人看你成什么样的人,你就是什么样的人。你在自己心里是什么样子的人你才是什么样子的人。然后,待遇的话,我觉得待遇说实话是低的,刚刚满足正常的生活需要。比如说像我们现在开开车,女孩子呢,买点化妆品,买点衣服,我觉得差不多一个月的工资就去了,没有了。基本上月光吧,就不用有什么积蓄的。但是像男老师,如果家里不能提供什么的,让他自己买房、买车,我觉得这样就不要来当教师了,是满足不了的……但这个职业呢,最大的回报并不是物质,和学生在一起,有时候会有一种默契、一种配合、一种团结的感觉,我觉得这是其他行业里很难体会到的,只有教师才能拥有的一种幸福感。①

从教师的谈话中可以看出,他们对自己与职业都有一个相对清明的价值认知,表现出一种平和的态度,能够辩证地去看待教师工资优势不突出的问题。教师在心态上,没有20世纪80年代的雀跃,也没有90年代的消沉,他们在价值多元的背景下,表现出一定的包容特点,虽然在内心时常顾影自怜,感到孤独而不被理解,但对这些暂时无法改变的状态也能客观对待,并做出相应的心理调适,或回避,或忽略,或自我劝慰,"努力做好自己"。

(二) 崇高而务实的价值追求

"在你选择一种价值之前,这种价值并未实现,价值是经过你的选择而得到实现的机会,因此你的选择无异于是冒险。"② 所以说,价值是经由选择而实现的。选择成为一个什么样的人,成为一个什么样的教师,在很大程度上是对自身价值的一种确证和体认。在价值追求维度上,被调查教师的关注度主要聚焦在第17题("身为教师,在社会

---

① 访谈教师 CYC。
② 傅佩荣:《自我的意义》,北京理工大学出版社2011年版,第196页。

实践的方方面面都应该以身作则")和第22题("雷锋精神并没有过时,值得发扬")的讨论上。在第17题中,教师的同意率达72.13%,认为教师应该处处以身作则(见表5-2)。这表明,在现实生活中,绝大多数教师具有为人师表的理想和自觉。

表5-2　　　　教师价值追求选择题调查结果统计对比表

选择题17:身为教师,在社会实践的方方面面都应该以身作则。	
回答: 1. 完全不同意	13.98%
2. 基本不同意	0
3. 不确定	13.89%
4. 基本同意	40.10%
5. 完全同意	32.03%

访谈材料中也得到了与教师以身作则相印证的价值追求案例:

> 我到社会上我打个车,我是公民,谢谢,麻烦你帮我送到新华书店去,多少钱,谢谢,给他钱,再见,小心。他说你这个人是老师吗,我说是的你怎么看出来?他说你的言谈我看出来你就是个老师,为人师表,我说谢谢你。到社会上,我开车红绿灯或者走路,红绿灯的时候夜深人静没有人我做到慎独,红灯了没有车我走过去没关系啊,可是我站在那里我觉得一个公民要扮演好这个角色。所以你看每时每刻每个人的每个角色都在变化。所以我特别注意扮演好这个角色,这个角色是我的,我应该说什么话做什么事情我就说这个话做这个事情,我觉得做人就成功了。①

在第22题中,对于"雷锋精神并没有过时,值得发扬"的看法表示"完全同意"的教师有36.55%,表示"基本同意"的有43.66%,"同意率"高达80.21%,即超过八成教师对雷锋精神的发扬表示支

---

① 访谈教师WX。

持;而不确定率和完全不同意率分别为 11.02% 和 8.77%。从结果可以看出教师在新时期背景下,对雷锋精神的肯定态度,而且通过"雷锋精神是否值得发扬"与普通组①后续对照(见图 5-1)发现,教师对雷锋精神的同意率比普通组高出 5.01 个百分点,不同意率则低了 7.03 个百分点,表明在教师价值观念中对雷锋精神的价值认同度高于普通水平。价值认同是价值追求的重要前提,决定着价值追求的目标与倾向,所以我们有理由认为教师群体良好的价值认同状况,必然导向积极的价值追求。但不容忽视的一个问题是,教师组中持"不确定"态度的人高于普通组这一现象,可能是受到消极社会风气的影响,一些教师的价值观念在理想与现实的对比中,发生了摇摆,对是否应该追求奉献、坚持高尚持一种观望态度。

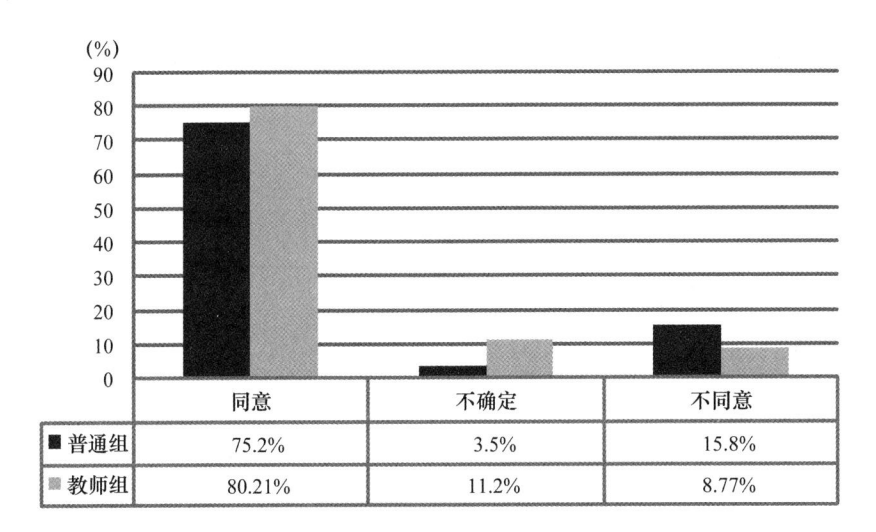

	同意	不确定	不同意
普通组	75.2%	3.5%	15.8%
教师组	80.21%	11.2%	8.77%

图 5-1 "雷锋精神是否值得发扬"的对比图

教师的价值追求在总体上呈现积极向上的趋势,说明教师在价值认识上存在着明确的是非善恶标准,有着高尚的职业追求,知道应该努力的方向,至少在内心没有忘记教师身份成人志业的价值属性。

---

① 普通组比较数据来源:童世骏等:《当代中国人精神状况研究》,经济科学出版社 2009 年版,第 100 页。

"价值观对于生活中哪些事物和现象最吸引人的注意起着决定性的作用。对个人来说，什么最重要？什么最有价值？都是他根据自己的价值观做出的选择的。因此，对于符合个人价值观的事物，就会有意识地或无意识地吸引他优先予以注意。在人生、审美、职业、婚恋等方面哪些事物和现象经常最吸引人注意，这种注意状态的内容和动机也就从一个侧面反映了人的价值观、人生观和世界观。"[①] 所以价值排序对于价值取向的考察是一种较好的方式。教师的职业价值追求调查，参见价值排序题3.2（表5-3），教师在选择职业时价值追求还是外因主导的成分大一些，排名前四位的分别是："工作稳定""环境单纯""福利和保障"和"假期多"。而"性格爱好""性格合适"等内在因素并没有受到太多的重视。结合上一部分的教师职业认同整体偏低的结果（见表5-1），我们认为，虽然当下的中小学教师在观念中承认教育理想的应然合理性，但在现实生活中，他们并不是为了追求理想而选择这一职业，很多人选择教师工作时的初衷，是为了过一种轻松、安稳的生活，呈现出一种务实的特点。

表5-3　　　　　教师价值追求排序题调查结果统计对比表

题目3.2：您在决定选择教师这一职业时主要受到哪些因素影响？

选项	所占百分比	排序
A. 工资水平	2.6%	10
B. 福利与保障	13.1%	3
C. 社会地位	5.1%	8
D. 兴趣爱好	10.6	5
E. 工作轻松	1.6%	11
F. 工作稳定	21.0%	1
G. 环境单纯	15.8%	2
H. 师长的影响或劝说	6.9%	7

---

① 黄希庭：《心理学导论》，人民教育出版社1991年版，第241页。

续表

题目3.2：您在决定选择教师这一职业时主要受到哪些因素影响？		
选项	所占百分比	排序
I. 假期多	12.6%	4
J. 性格适合	7.8%	6
K. 其他条件限制（如专业、分数等）	2.9%	9

（三）限定性质的专业精神

教师专业精神是其价值追求中的一个重要指标，是价值追求在其职业范畴内的表达形式，具体通过教师对自己职业的认知、情感与意识来呈现。鉴于价值追求对价值取向的关键性影响，以及21世纪以来教师专业化的发展趋势，在现状调查中，我们把教师价值追求中的教师专业精神单列出来深入分析，从职业内部来探讨教师的价值选择偏向，力图使教师价值取向的分析更清晰、具体。综合来看，在专业精神方面，教师的价值冲突主要集中在第13、15题（见表5-4）。

表5-4　　　　　　教师专业精神选择题调查结果统计对比表

选择题13：只要改革对国家整体有好处，暂时降低我们的生活质量也是应该的。	
回答：1. 完全不同意	27.61%
2. 基本不同意	26.82%
3. 不确定	18.32%
4. 基本同意	20.57%
5. 完全同意	6.68%
选择题15：当下教师培训的重心应该由师德建设转向专业能力。	
回答：1. 完全不同意	7.20%
2. 基本不同意	18.92%
3. 不确定	28.56%
4. 基本同意	34.38%
5. 完全同意	10.94%

第13题"不同意率"高达54.43%，只有6.68%的教师选择了"完全同意"。这里反映出教师群体中个人意识的觉醒，当国家与个人利益发生冲突时，教师的价值天平向个人倾斜，虽然有消极的一面，但同时这也为发展取向的教师专业发展提供了基础，爱国与牺牲不应以损害个人幸福为前提，是这改革开放以后人性解放的结果。根据之前教师"价值追求"的积极状况（阐释1），我们假设教师的专业精神同样是高于，至少与普通人持平，达到社会平均线及以上水平。基于这一假设，进行一组当下与20世纪80年代①牺牲精神的代际比较（见图5-2）。

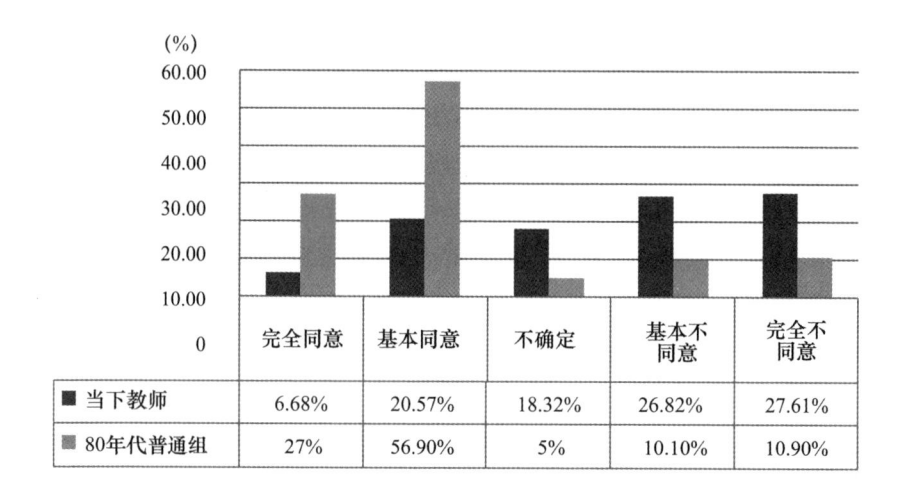

	完全同意	基本同意	不确定	基本不同意	完全不同意
当下教师	6.68%	20.57%	18.32%	26.82%	27.61%
80年代普通组	27%	56.90%	5%	10.10%	10.90%

图5-2 关于雷锋精神认同度的代际比较图

从上图可以明显看出，与80年代相比，教师总体精神风貌中呈现出明显的个人取向。全球化与信息化的冲击，让整个社会的价值体系日益丰富，教师群体的价值取向不再偏向单一的集体主义一端，崇尚义利兼顾，追求个人与社会的统一。爱国、爱业、爱生都以爱己为前

---

① 20世纪80年代普通组比较数据来源：中国经济体制改革研究所社会研究室，中国经济体制改革研究所社会舆论调查室：《改革的社会心理：变迁与选择》，四川人民出版社1988年版，第87页。

提，一个不懂得爱自己的人，又如何教会学生去爱。所以，我们认为对于这一代际差异不必太忧虑，需要辩证地对待。

在第15题中，多数教师认为在培训中应该加大专业知能的比例。这一选择结果有两种可能，一种可能是在教师心目中，专业知能比专业道德重要；另一种可能是教师认为教师培训并不是适合师德建设的方式，还是专业知能比较有效果。为了进一步判断教师倾向于哪一种，我们结合问卷第三部分的价值排序题来确定。价值排序题3.1："您认为教师应该具备哪些方面的素质？"要求选出最重要的5项，并排序（见表5-5）。在教师看来，在所有最应该具备的素质中，前五位依次为："爱岗敬业""专业知能""社会责任感""奉献精神""道德高尚"。其中，"爱岗敬业"和"专业知能"两个选项遥遥领先，说明在广大中小学教师的价值观念中，这两项是教师必不可缺的素质，尤其是"爱岗敬业"。

表5-5　　　　　　　　**教师专业精神排序题调查结果统计对比表**

题目3.1：您认为教师应该具备哪些方面的素质？

选项	百分比	排序
A. 奉献精神	14.5%	4
B. 爱岗敬业	27.1%	1
C. 社会责任感	17.4%	3
D. 远大的理想	1.0%	9
E. 道德高尚	12.1%	5
F. 民族自豪感	1.5%	8
G. 专业知能	21.6%	2
H. 领导管理能力	1.8%	7
I. 人格魅力	2.4%	6
J. 安贫乐教	0.6%	10

排在第一位的"爱岗敬业"其实是师德的一部分，但只是师德的底线，而选择题15题中的"专业道德"指的是师德的全部内涵，囊括了"爱岗敬业"和"道德高尚"。那么15题中教师的思想倾向显而易

见，在教师心目中，专业知能就是比专业道德更重要，但在专业道德中选择限定性的道德规范又明显高于选择高尚师德（价值排序题3.1），如奉献精神、民族自豪感和远大理想等。说明教师专业精神的重心下移倾向显著，对教师专业素质的认同也偏向具体化和规范化，远景、神圣的师德向近景、平实回归。如"爱岗敬业""专业知能""社会责任感""奉献精神"等这些选项显然要比"民族自豪感""远大的理想"和"安贫乐教"等更具体，更实际，更能观测到效果，专业精神上整体由高尚师德向规范师德转变。

（四）主动适应的人格特点

1992年之后的中国社会，一套与市场经济相适应的价值体系和社会心态开始孕育。20世纪90年代中期的一项社会学研究表明，在市场经济之后中国人的价值判断呈现出日益多样化的特征，心态上更加宽容，能够理性对待个性自由等问题，既有的价值观念在现代化进程中正在被不断削弱，而全新的、得到普遍认同的价值观念却尚未形成。①由于价值取向的多元化，人们对个性持理解态度，只要不触碰社会的基本规范就可以被允许。这种相对开放的、包容的文化环境涵养了人们易于从众、倾向于对"势"的顺应，容易对时尚的、主流的东西产生兴趣，他人导向倾向明显。里斯曼在《孤独的人群》中以历史阶段为依据将美国人的社会性格分成三种类型：传统导向、自我导向和他人导向。在他看来，具有他人导向性格的人不寻求出人头地，而是寻求"适应"；他的头脑中总有一个声音在不断地告诉他别人期望他如何做，这种社会期望是他获取动机和指导的主要来源，并把期望作为目标接受下来，主动适应。"适应性性格具有从众依附性，但同时也容易照顾他人的需要和利益。"②

在人格特征方面的问题调查中，教师的作答焦点主要落脚于第20题和第21题（见表5-6）。

---

① 郑杭生、郭星华：《当代中国价值评判体系的转型》，《社会学研究》1995年第5期。
② ［苏］伊·谢·科恩：《自我论》，佟景韩等译，生活·读书·新知三联书店1986年版，第464页。

表 5-6　　　　　教师人格特征选择题调查结果统计对比表

选择题20：作为教师不应该过于计较个人得失。	
回答：1. 完全不同意	42.80%
2. 基本不同意	0
3. 不确定	17.53%
4. 基本同意	30.38%
5. 完全同意	9.29%
选择题21：工作方式与生活方式是可以分开的。	
回答：1. 完全不同意	32.37%
2. 基本不同意	0
3. 不确定	24.48%
4. 基本同意	30.82%
5. 完全同意	12.33%

在第 20 题中，不同意率高出了同意率，仅有 9.29% 的教师持"完全同意"这一观点，而有超过四成的教师表示"不应过于计较个人得失"是对教师的利益侵害。在访谈中也有教师这样认为：

> 社会上总是要求教师要以身作则，说你是人民教师你就应该怎么怎么样的，甚至有很多并不合理的要求，说你老师就应该多付出，多奉献，我就持保留态度。教师的确应该为人师表，但也分情况。我就明确跟学生家长讲，每个人都有生活的权利，你们有，我也有，遇到问题和矛盾的时候我希望你们能换位思考一下，考虑一下我的难处，不要怪我斤斤计较。有时候你不计较、不在乎，他就会觉得你很怕事儿，得寸进尺的，很难办。①

当下教师在义利、公私关系权重上，体现出了现代社会的自主性特点，要求平等、公正的意图表达明显，可以为人师表，但不迁就忍

---

① 访谈教师 CSZ。

让；可以以身作则，但不委曲求全。并且在遇到矛盾和问题时，能够主动采取办法化解，而不是被动回避、等待。

在第21题中，分别有12.33%和30.82%的教师表示"完全同意"和"基本同意"，即只有少数教师表示可以处理好工作与生活的关系，而近三成的教师认为工作就是生活的一部分。如果教师都像对待生活一样对待工作那当然有积极意义，但结合访谈材料我们发现，教师认为工作与生活之间不可分，相当程度上是在谈论工作中的不良情绪与体验影响到了他的日常生活。虽说选择当教师的人都偏向保守、现实，但这并不意味着刻板无趣，他们对生活方式有着自己的想法，稳中求变。

> 我们老师也是人，也有兴趣爱好，比如我喜欢喝点老酒，老师也喜欢买点书，喜欢搞点装扮，老师喜欢下个棋，打个乒乓球。老师也是一个人，普通的人，他也有七情六欲，他也要生活的，所以有的时候我们老师，专业也要发展，非专业也要发展，积极向上的兴趣爱好发展。有的老师教师情结专业发展到家里，在丈夫面前是个老师，在儿子面前也是老师，甚至在爸爸妈妈面前还是一副老师的样子，我觉得这个老师的生活方式要转变。①

情绪是可以随时调解和管理的，但巨大工作压力下产生的生理问题以及时间分配问题，是被教师认为影响他们生活方式的主要因素。他们渴望工作以外的生活，也愿意接触一些新事物，但却常常苦于时间的限制而放弃。

> 我觉得压力是一方面，压力太大，包括现在经常偏头痛，压力性偏头痛，压力太大。这个我觉得就是对生活最大的影响。另一个方面呢，比如说我自己是非常喜欢爬爬山啊，跟朋友出去玩，扩大一下生活圈，结识一些新的人和事，感觉很轻松。现在一般

---

① 访谈教师WXJ。

像周六周末的时间都经常被挤占,就没有时间去(享受)这种业余的(生活)。①

在价值排序题中,生活中当遇到困惑或争论时,教师心中最值得信任的对象排前三位的分别是"相关领域专家"、"政治(国家领导人)"和"自己的判断力",各自的百分比比较接近,分化不大。这三者作为知识、权力与自我的符号与意象,反映了教师人格在这三个维度上的倾向性。

表5-7　　　教师人格特征排序题调查结果统计对比表

题目3.3：面对一个社会问题,当各方看法不一致时,您通常选择相信谁的意见?

选项	所占百分比	排序
A. 政府(国家领导人)	20.7%	2
B. 相关领域专家	21.2%	1
C. 单位领导	9.1%	6
D. 自己的判断力	19.0%	3
E. 社会舆论	11.8%	4
F. 亲朋好友	9.3%	5
G. 新闻媒体	8.9%	7

表5-7的调查结果显示,当出现不一致的说法时,教师更倾向于相信政府和专家,即权力与知识,表现出一定依附倾向,相对而言自信程度不高。对"新闻媒体"和"单位领导"的不信任,说明了教师对二者存在抵触、敌对情绪,这可能与媒体总是夸大其词、断章取义有关,而对直属领导的不信任似乎折射了不太满意的人际关系与工作环境。在访谈中有是否在意舆论对教师的评价,如何看待,大多数教师对这一现象持包容理解的态度,也会有压力,但总体来说呈现出一种适应性特征的向日葵人格。

---

① 访谈教师QN。

> 我觉得相对来说的话，也没有什么公平不公平的。可能说汶川地震的时候范跑跑啊，还是个别老师的伤害事件，确实也是存在的，所以说不需要避免他们来评论公不公平。包括贪官啊、医患啊，都有。只要跟人打交道，任何行业，多多少少都有些问题的。但是我觉得，大方向上，他们对老师其实还是有一种敬重在里面的……现在呢我觉得老师要多跟家长去交流、去沟通，包括现在都很方便，微信平台、QQ什么的。其实他们有时，对孩子的期望很大，通过孩子的期望，孩子自己是达不到的，转嫁给老师的身上。但其实老师的精力是有限的，是不是？分配到每一个孩子身上的时间和精力都是有限的，所以无形当中对于老师来说其实是一种很大的压力。包括现在有些家长也会说跟你搞搞关系啊什么的，其实这些都是压力。①

教师的人格特征呈现冷静、稳定倾向，虽然也耐心容忍存在依附权威的倾向，但不再忍气吞声，而是通过交流、沟通，以及自我排解的方式来面对问题。

> 我觉得我们一个工作在社会上人都有眼耳朵嘴巴，眼睛看到了耳朵听到了，他要表达要思考要发泄，他首先要表达自己看法，我觉得很正常。有的人觉得你不懂教育还来点评，我觉得不管他懂不懂，他毕竟受过教育，他参与过教育，虽然他没有教过小学中学大学，但他做过小学生中学生，他有些体验感悟，他谈一下自己感受，我觉得能理解他，允许他们发出不同声音，这个世界才会和谐。打压压制他们，不允许他们讲出来，是不应该的。我觉得自己有杆秤……他批评对的我们改正，教育是要改进。不对的笑一笑，有则改之，无则加勉。②

21世纪以来，教师的专业性越来越突出，通过各种教育与培训其

---

① 访谈教师 MJ。
② 访谈教师 WXJ。

学历达标率及专业技能都呈现出优良状态，对教学改革也有了自己的认识与理解。在性格上呈现出适应性特点，具有依附性、从众性，但同时也能注意照顾自身、他人的需要和利益，主动平衡各方关系，公私兼顾。

总之，当下教师的价值取向整体偏向实用化，出于"有用""利己"的目的来思考专业发展。以用为上，是20世纪90年代绩效与生存取向的延续，又有所发展。主要表现在四个方面，在社会心态相对理性，在面对公众的评价以及教育相关改革时，能够以理解、支持的态度来理性辨别；在价值追求上兼顾理想和现实；专业精神重心下移，呈规范化、具体化趋势；人格群像呈适应性特征，尚新务实。

三 教师实用化取向的现实归因

全球化、信息化的到来加剧了社会竞争的激烈程度，社会发展的形势迫切要求加强对各种职业者的意识训练和技能培养。但遗憾的是，随着信息技术的创新发展，运用多媒体、网络等虚拟化的职业技能训练形式正在被强调，却相对忽视了技术培训的人文向度。由于技能训练缺乏相应的价值关照，被培训者往往只是简单地将职业看成谋生手段，却无法对其生发责任心与归属感。在工作中经常发生"高效率低成就"的怪象，教师教育也面临着同样的问题。只有技术跟进的教师教育不仅是缺乏内在动力的，而且也注定是要走向异化的。随着信息技术的介入，教师教育的技术化倾向使教师的专业发展呈现日益窄化和平面化趋势，教师面临着被矮化为"技术工"的风险。他们时时"以用为上"，处处体现着有用崇拜。我国中小学教师的实用化取向不是自发形成的，而是当前中国社会的发展、历史文化传统、政策制度因素以及教师自身素养等多个方面综合作用的结果。

（一）实用理性的传统与现实

注重现实，强调经世致用的实用理性，是中国传统文化的一大特点。这种典型的农业社会的文化传统，熏陶出了中华民族务实的国民性格。强调实用和实在的传统，已经内化为中国人的气质性格和思维方式。人们的价值追求局限于经验与实用，凡事追求现实的效果，不关注过程。李泽厚先生把这种关注人事关系、注重具体经验的特点概括为"实用理性"。

我们注重文化历史，是为了化民成俗、以史为鉴，达到经世致用的效果，关心的是它的现实意义与价值；我们有过四大发明，但是技术而不是科学[①]；我们重教育与知识，是为了"学而优则仕"，"书中自有黄金屋"。总之，我们自古缺少那种为了知识而知识的精神，把关注的重心放在"用"上。生活中经常听到的一句话就是"学这个有什么用。"中小学生报兴趣培训班，不是为了自我发展，而是哪个最好学又在升学考试中加分最多；大学生选择专业与课程时，不是出于兴趣爱好，而是哪个专业好就业，哪个课程容易拿学分；成年人接受继续教育，不是为了提升自己，而是为了工作晋升的需要……生活中的方方面面无不与实用理性相关。

（二）管理制度的功利导向

在调查中，很多教师抱怨绩效问责制以来，向教学要质量的倾向更加突出了，教师的专业技能越发被强调。很多地区、学校把"一年站稳讲台，两年略有成效，三年成为（教坛）新秀"作为新教师的培训目标。各级管理者又往往通过各种具体制度和实施细则，以追求政绩为目的，狠抓升学率，将教师的自由限制在越来越小的范围内。

1. 科层化的管理模式。学校中的科层等级可以分为三层，每一层级中的每一个角色、职位的行为规范和责任、义务，奖罚标准等都有详细规定。每个人的行为都要符合这些标准，并且形成了层层管理的等级链条，即校长管中层，中层管教师，教师管学生通过科层体制对教师进行层层管制，同时通过对教师的各种职业道德要求，统一规范教师的志向、人格和行为。这些制度规范在一定程度上确实有利于教

[①] 台湾吴大猷先生在《科学技术与人类文明》（1976）一文中指出："一般言之，我们民族的传统，是偏重实用的。我们有发明、有技术，而没有科学。"

师队伍整体水平的提高，但也限制了教师的思想和行为。各种规章制度多是为了便于管理，而不是以人为本。对教师的考评实际上是一种监控机制，它为了行政权威和学校管理的需要，而将教师束缚在评估体系的各种项目和规则之内，导致教师对教学短期效果的追求和被动的消极适应。

2. 量化的考核标准。科学主义的管理模式注重量化考评，学校往往也在追求量化的过程中走向极端。1985年《中国教育体制改革的决定》颁布之后，学校拥有了更大办学自主权，与此同时，学校的责任也在升级，自筹办学经费成为一种新的发展形式。特别是市场经济以后，随着教育产业化的呼声越来越高，政府提倡"人民教育人民办"，为了争取到更多的教育经费，各级学校一般选择了两种发展路径：一是直接自谋生路搞创收，二是提升教育质量和升学率以吸引生源。这样一来，教育对教师的教学水平要求越来越高，学校的量化追求自然与考试成绩和升学率结合在一起。因为升学率决定着学校的声望、教师和领导的政治地位和经济地位，决定着学校的生源质量和数量，决定着学校的发展前景。1993年《教师法》的出台明确提出，为了提高教师队伍质量，促进教育发展，今后将要推行教师聘任制度。学校对教师的解聘、晋升、降级、调薪、奖惩等一般是通过教师的工作表现来决定的，其中起决定作用的当然是学生成绩。这充分反映出我国教师管理中的工具理性化倾向和"管理主义"倾向。从"秩序"角度来看，理性化制度存在一定的合理性，但由于在具体运用过程中片面强调了其功利与效率目的，致使它的消极因素在实践中被不断放大。当下在教育场域推行的绩效责任制，虽然促进了学校管理的规范化、教师发展的专业化，但同时也暴露出了它自身存在的诸多弊端。数字化的管理模式，使得教师日益沦为教学生产线上的"计件工"；信息化的教学手段，使得教师在对技术的钳制中迷失了教育应有的人文关怀。

（三）教师专业发展的平面化倾向

我国在20世纪90年代末期兴起了一场教师专业化运动，希望教师能够摆脱科层权力的束缚，提升专业素质，增强教师职业的不可替代性。但就实际情况来看，我国教师的专业化和专业发展依然局限在理性主义的模式内。为了提高我国教师专业水平，国家也出台了一系列政策法规，如教师合格证书制度、教师职务制度、教师资格制度、教师聘任制度、教师培训制度以及有关教师权利、义务的政策法规。尽管这些制度的目标是希望提升教师的专业自主权。但就实际情况来看，我国教师的专业自主权仍然是非常有限的，对教师专业化的理解和要求仍然局限在局部知识的掌握和技能的熟练等"理性化"范式内。

1. 教师专业发展中的科学主义倾向

21世纪的头十年，是我国中小学教育和教师队伍建设从规模、数量扩张，走向内涵式发展和"结构—功能"调控的关键时段。保障教师经济地位，不断提高教师专业化水平，不断完善教师专业制度，是这十年政策制度的主旋律。[①] 但在完善的过程中，也存在一些问题。

（1）教师管理走向证书化。教师资格制度是现代教师教育制度的核心，实施教师资格制度是提升教师的专业化水平，实行开放的教师教育体系的重要基础。1993年全国人大颁布的《教师法》中规定实行教师资格制度，1995年国务院颁布《教师资格条例》，1996年开始试点，并于2000年进入全面实施阶段。实施教师资格制度，是我国教师队伍建设的一个里程碑，对于形成教师准入机制，拓宽教师来源，提高教师整体素质正在发挥重要的作用。但"制定严格的专业标准的科学主义的做法只是专业制度的建设，制度只能起一种筛选作用，把不合格教师'过滤'掉，而不能保证每一位教师专业知识、技能、情意的不断改进和提高。同时，专业标准的制度化使得教师为了获得社会地位的认同，只能被动地实现外界所订立的专业标准，执行所规定的要求"[②]。

（2）规范化的专业师德建设。师德是一个多层次的概念，它至少包括两个部分，即理想层次的高尚师德和现实层次的规范师德。二者相互支撑、补充，缺了哪一个维度，教师的专业道德都不完整。经历了技术化取向的第一个十年，很多问题开始凸显。2010年7月发布的

[①] 曾晓东：《中国中小学教师发展报告（2012）》，社会科学文献出版社2012年版，第1—4页。

[②] 教育部师范司：《教师专业化的理论与实践》，人民教育出版社2003年版，第26页。

《国家中长期教育改革与发展规划纲要（2010—2020年）》中，基于对高尚师德的强烈要求（第五十二条），在加强教师队伍建设一章中，对师德的要求是"关爱学生，严谨笃学，淡泊名利，自尊自律"。"加强教师职业理想和职业道德教育，增强教师教书育人的责任感和使命感。"使加强德性修养成为教师队伍建设的重要特征。

改革开放以来，我国于1985年、1991年、1997年先后三次颁布和修订了《中小学教师职业道德规范》。经历了一个从继承、总结到发展与完善的实践过程，师德建设取得了显著成效，党和国家领导人十分重视教师队伍建设，对提高教师的思想道德和业务素质提出要求并寄予厚望。最近一次（2008）修订充分反映了新形势下经济、社会和教育发展对中小学教师应具有的道德品质和职业行为的最基本要求，针对现行突出或共性的问题而提出要求与禁令。如"保护学生安全""自觉抵制有偿家教"等；前者是针对地震中的"范跑跑事件"，后者是针对日趋严重的有偿家教之风。但这种限定性的师德规范，并不能给教师带来内在的发展。作为一种理性规范，它只是尽可能周全的对教师的言行举止进行限制，并不断地具体化、操作化，以期建构一个全方位的监督体系对教师进行防微杜渐式的考察。

当然，这些制度、规范是必要的。但不是一劳永逸的，它只能一种底线式的素质标准，触及不到教师的专业精神，因为它控制不了教师的自主意识。"规范与责任只有在与主体自觉的意识活动接壤并且被主体确认的情况下才有意义。"[①] "道德的基础是美好的情感而不是理性规范，道德是为了追求人类的美好生活场面，是为了让生活变得有利于生长一些感人和动人的事情，而不是为了生产规范。"[②] 教师对学生的关爱，对教学的热爱，是出于义务、迫于师德基本规范的压力，还是出于对真情与幸福的向往。前者是一种政策、规范执行，是一种完成任务的心态，而后者才是道德应有的境界，因为人们在需要帮助的时候，需要的是"表达着真情的物质"，而绝不仅仅是物质，所以道

---

① 杨启亮：《教师主体性与主体性教师素质》，《现代中小学教育》2007年第7期。
② 赵汀阳：《论可能生活》（第2版），中国人民大学出版社2009年版，第263—264页。

德的重心在真情而非义务。只有建立于情感之上的道德才会带给人幸福，才有意义。所以止步于限定性质的师德规范化建设，也许可以减少教师的失范行为，但并不能给教师带来更多的成就与幸福。

（3）教师专业形象的平面化。对教师而言，专业素养是一个具有层次性的概念。在最表浅意义上，专业意味着精湛的学识和卓越的才能，从更富深远的精神层面来看，专业蕴涵着服务、奉献的意味，即作为一名师者的专业道德。教师专业道德或者是专业伦理或者是专业规范，在本质上都是相同的，它是教师群体为更好地发展职业责任、满足社会需求、维护职业声望而制定的关于自我约束的行为规范，是在共识基础上达成的伦理标准。[1] 具备良好专业知能的教师，只能说是一个合格的教师，如若没有专业道德或专业精神上的提升，也很难成为一名优秀的教师。因而具备高尚的职业道德是教师价值追求的题中应有之义，也是教师专业素养走向健全的基本要求。但受庸俗实用主义的负面影响，我们当下的教师对专业知能更加重视，相对忽视了对高尚师德的培育，使教师形象日趋平庸。首先，缺席的教育理想。不可否认，随着教师专业发展的加强，教师的知识素养、学历素养确实有了一定的提高，但教师的信念与理想等这些属于高尚师德范畴的东西却正在被遗忘。

对于生活与工作来说，有些教师的重心还是放在生活上，不想为了谋求工作上的发展而打破自己的生活秩序、牺牲自己的生活质量。这就是一种价值上的权衡，当生活质量与工作晋升发生冲突时，他们更多地倾向于选择安稳、舒适的生活，为了眼前的安逸，放弃了长远的规划和发展。其次，技术化的专业知能。随着教育改革与教师专业化的深入，专业知能的规范化，课堂教学的模式化日益被认为是专业教师的根本特征。在教师专业知识的学习中，无论是师范院校的课程设置、在职的教师培训还是资格证书的考评，都是把教师必须具备的专业知识放于首位。并在此基础上不断加强知识的实践性，通过观摩、实习等方式不断加强教师培训的规范化，为了适应社会与就业市场需

---

[1] 刘捷：《专业化：挑战21世纪的教师》，教育科学出版社2002年版，第62页。

求、应付行政部分的检查和评比，反复强化教师的技能，如备课、导入、讲解、提问……各种教学技巧应有尽有，教师的教学过程被拆解为一系列实用化的操作程序。对此，有些教师颇有微词：

> 课程改革以来能够感受到的就是说有很多的教学方式，因为课改了，那么不同层次的教研人员也好，教师也好，就会去研究我怎么去让这个课堂的教学方式带来改革，所以就会有很多的一些我们说模式也好，一些新的名词带给我们，每年好像都会有不一样，但是我觉得有的时候它并不是都适用我们的课堂教学的，所以这个时候的话，我们有的老师会比较盲目。今年教育局它推的是，比如说啊，什么"练中练"啊，它明年，又会带来另外一种模式，所以这个时候，就会给教学啊，感觉给固定化了，有些时候我就觉得啊，课改一个方面它带来了很多的教学方法，但是某一段时间特别关注这个方法，就会把课堂模式化，领导听课的时候，他过来听课，他说我专门要听你的"练中练"的这个模式的一个呈现，教师说我这节课其实我根本就不适合练中练啊，但是他硬是要给你上出一个"练中练"来。
>
> ……
>
> 现在教育改革，教师培训这些东西主要是由行政部门来推的，就是这个问题，比如现在的翻转课堂，你说是什么课都可以翻转的吗，其实也不是啊，翻转课堂就一定对我们高中有用吗，我觉得真的也不是啊。但是你现在，你比如说教育局又在推，所以我觉得它这个课改下面很多的一些外来引进的一些东西，它是在没有研究我们自己学生的学情的实际情况下；或者说它当时的模式它是在一个什么背景下的，还没有搞清楚。就像搞运动一样，搞这一阵，那下次来一个新的名词，又来另一阵，这样的话，有些老师就开始混乱，弄了半天他都不知道在弄些什么。就没有自己的一个风格，就会跟着形式走。①

---

① 访谈教师 WXY。

如此的教育与考评体系让教师的自主性倍受束缚，塑造出来的教师千人一面，课堂模式千篇一律。由技术化的专业知能打造出来的名校、名师缺乏了教育的内蕴，追着所谓的名牌与特色跑，毫无风格可言。总之，教师对信息技术、视听媒体的顺从依附，使得课堂教学被异化为机器灌输的过程，各个环节皆呈现出标准化、技术化与机械化；教师的自主性、批判性与创造性招致压抑，表现为对技术的依赖，并沦为忠实于考核指标、课程标准和教学大纲的"技术工"。

第六章

智能时代教师的技术适应与促进主张

教师适应新技术变革，是时代赋予教师的责任，凝聚着社会的共同利益。面对技术的加速迭代，教师主动适应的确是一种值得追求的状态，但也要认清局限。教师技术适应并不能解决教学中的所有问题，理性反思教师技术应用中存在的不适感，同样是智能时代教师发展的紧迫任务。技术与教学的隔阂是多层面的，促进教师技术适应的关键在于获取权力层的支持，为教师技术适应提供支撑条件和空间保障，在实践中发展与强化教师的自我意识，促进教师不断反思"教学技术应用"的"所以然"，逐步促进与深化教师对于适应技术变革要求的价值体认。

一 引言：智能技术时代教师的"远虑"和"近忧"

技术与教学的关系应该走向共生已经成为一种普遍的共识，适应技术变革是时代赋予教师的责任，凝聚着社会的共同利益，教师只有适应技术变革才能更好地享受生存与发展的权利，培养出社会需要的人才。但与此同时，在技术迭代不断加速的趋势下，教师又必须对技术适应持审慎的态度，自主转化、分解与规避技术可能引发的教学风险，防止卷入与智能技术同质化发展的道路。这种既要与技术保持一致又要同技术适当背离的"远虑"和"近忧"，正在成为智能时代教师发展的核心问题。信息技术的智能化发展所引发的教育变革是一种范式的转换，知识的来源与价值，人才的标准与定义，教育的目的与走向，教学的结构与形式，师生的关系和角色，举凡一切教育存在皆在深层次上发生了改变。教师如果仍然遵循过去的教学惯习，在旧的体系中以旧的方法应用新的技术，或者解决新的问题，出现冲突与不适皆是一种必然。"知者不惑"，面对教学技术变革的新态势，教师比以往任何时候都更紧迫地需要增进对技术适应问题的认知和理解。

二 教师技术适应及其发展旨向

历史上每一次技术变革都直接或间接地决定着教育的发展，更新着知识与人才的边界，在化解了既存问题的同时，也催化着新的矛盾产生，这种历史现象体现了技术事与愿违的社会功能，但也折射了人与技术适应关系的持续张力。

（一）技术适应与人的发展

应对智能机器的挑战，适应是一种必然，从当下的技术发展的态势看，卷入人工智能的洪流已经无可避免。所以停留于拥抱还是漠视的争议没有任何价值，而思考为什么以及怎么样适应技术才是现实所需。当机器越来越像人，人的发展定位也要重估，人与技术的关系在同质化、差异化或协同化等道路的选择上如何避免异化，只有明晰了这些问题，才能进一步深化对教育的理解。面对丰富技术环境，人类不仅要适应，而且还要深思适应的动因和旨向。

人类进行技术的开发和使用，是由人的基本属性决定的。自然性、社会性和精神性内在统一于人，社会性与精神性是人的本质属性。依据非人化理论，社会属性是人区别于其他生命体的所在，表达了人的特异性，而精神性则是人区别于无生命体的根本，如智能机器，凸显了人类本质。首先，在自然属性方面，人类体能的先天局限性是技术应用的直接动因，为了生存人类不得不借助技术和工具。其次，在社会属性方面，人类的理性优势促进了技术的发展，同时把人类不能做与不想做的事情交由机器去做，实现人的解放。随着技术的不断创新发展，人类被解放的不仅是身体，很多脑力劳动也开始由智能机器代劳，当所有能够模型化的人类能力皆可以由机器替代之后，"智人"陷入了被取代的恐慌。自亚里士多德时代起，"人是理性的动物"这一经典命题便得以确立。但随着强人工智能时代的来临，智能技术日渐发展出部分理性，如意识和思维，形成了一些人类无可比拟的"超能力"，理性已经不再能够作为人之为人的唯一标识。如此看来，机器真的越来越危险了吗？其实不然，真正危险的不在能力而在意识，一种具有理性反思能力的自主意识和创造意识。[①] 人类思维的构成除了理性，还有无法外化的非理性结构，特别是在反思和创造等运思过程中，存在诸多不能标准化的成分，这是当下智能技术尚无法深涉的精神世界。另外，换个角度思考，既然智能技术"超能力"的发挥是依托于精准运算的逻辑系统，那么无法量化的精神领域便是人之为人的最后庇护，不具备自主的探索、反思与创造等意识活动的智能技术充其量只是一种新型的辅助劳动力。人类可以认清优势和潜能，转识成智，借助技术的超级运算和识别能力建构更好的社会，发展解释与理解"应然"的"是非之心"。"拯救人类世界的力量不是别的，而是人们的心灵，在于人们思考的力量，在于人性的亲和与人类的责任感。"[②]因而，智能时代人类社会的发展应该在继续完善社会属性的同时，重点增强精神属性，在社会实践中以人文和伦理向度，把握社会发展的总体方向。

人类适应技术生活旨在促进身心的解放与社会的进步，日益先进的技术理应得到人们的拥护，但事与愿违。工业革命初期，技术的进步使得流水线工人"清闲不少"却"焦虑许多"，甚至还出现了砸毁机器设备的"卢德主义"，如今已经发展到第四次工业革命，智能机器的产生依然没有让人类放下焦虑。因为技术是一把"双刃剑"，除了创造便利，技术也擅长制造问题。而且不幸的是，人类对于技术适应在总体上是一个不可逆的过程，面对已经无法脱离智能技术的生活世界，我们很难断定丰富技术的环境于人类发展而言的利弊得失，争论颇多，

[①] 赵汀阳：《人工智能的自我意识何以可能》，《自然辩证法通讯》2019年第1期。
[②] [美]帕尔默：《教学勇气：漫步教师心灵》，吴国珍等译，华东师范大学出版社2005年版，第21页。

唯一确定的就是无时不在的改变。符合期望的变化不再赘述,而令人忧虑的变化也与日俱增:时空的突破让人的运动能力下降,网络的匿名化导致人的责任感淡漠,泛在的娱乐麻痹了人的感觉阈限,造成专注力的衰减,信息负荷让人的理性也陷入困顿……诸多属人的特性正在经历前所未有的挑战。正如《未来简史》中所提到的"专注头盔",利用技术让人专注于明确任务,加速决策过程,提高效率,但同时也削弱了人的同理心,让人忽视内部的疑虑和冲突。在要求果断、精准的社会中生活久了,虽然我们的身体与大脑得到升级,但我们将慢慢失去容忍疑惑和矛盾的能力,甚至失去心智,造成系统的量化和人类的降级。置身目标明确,效率至上的社会,虽然减少了许多怀疑和矛盾的困扰,但生活反而变得更贫瘠肤浅。① 当技术无处不在,无所不能,人类的发展也越来越走向身心的技术化。智能技术的"超能力"虽然增强了人的自然属性和部分社会属性,但尚未打开通往人类精神属性的通道,如果此时人类自身不注重呵护内在生命,身心发展的失衡和分裂只会进一步加剧,最终人的机器化将发展成为新的时代问题。

(二)教师技术适应的时代意蕴

技术的创新发展,尤其是人工智能的常态化应用,对人类社会生活生产方式产生了革命性影响,开启了人与技术关系的新范式。"智能机器对教育最大的冲击在于他改变了人才的内涵,而要培养新型的人才,现有教育的组织形态和过程都需要巨大的变革,而不是简单的改良或增加一两门课程。"② 无论任何时代培养什么样的人始终是教育的重心,教师作为人才培养的主体力量,深化对于人才的理解与避免自我技术化同样重要,当知识的价值与人才的定义发生变化,教师的角色定位也要随之作出调整,这是教师职业发展的历史规定性。

在适应技术变革中凸显心灵力量是智能时代教师发展的根基。智能技术的发展态势要求教师做好适应技术变革的准备,以人文精神抑制自

---

① [以]尤瓦尔·赫拉利:《未来简史:从智人到神人》,林俊宏译,中信出版社2017年版,第229页。
② [美]赵勇:《智能机器时代的教育:方向与策略》,《教育研究》2020年第3期。

然人的过度技术化。既然技术的应用是为了让人更具有人性，那么人类教师与AI教师的差异化、协同化发展应该是智能时代教师发展的基本方向，立足教师发展的本体内核，突出教师的心灵力量，才能化解被替代的困局，践行时代的使命责任。作为社会人，教师具备人之为人的一切不完美：有限的体能，"多余的"情感，敏感的心灵……这些影响效率的"短板"在生活中不断制造着"教育的美丽风险"。但不可否认的是，人也正是在绵延的问题解决过程中得以进步与发展的，相较于机器，这些"不完美"属性以及带来的问题恰恰是生活世界意义生成的土壤。技术的开发和应用是克服自身局限的重要手段，技术适应能力的形成是一个动态的过程，通过不断打破平衡与实现新的平衡，充分发展并强化自我意识。教师的技术适应影响着教学中人的解放和教育的发展，具体表现为教师与技术关系的协同，能否借助技术促进教学，让技术成为师生发展的助推力量还是桎梏力量，关键在于教师对教学技术的应用与反思能力。智能时代的教学生活处于急剧的变化当中，需要教师重新审视教育的目的与走向，深切叩问教学的过程与理念，这实际上对教师的内心世界提出了更高的要求，教学不可能局限于技术层面，唯有在技术适应中凸显精神属性，在价值层面实现安心立命，才能避免在与人机协同的过程中步入同质化路径，实现技术与教学的深度融合，在整体联合中走向真我，抵达意识的内部世界。

"主动适应"的倾向体现着技术时代教师自我革新的价值追求。智能时代的浪潮把每个个体都裹挟其中，"主动适应"是一个绕不开的发展机制，而且只有主动理解并具备新的专业能力，才能更好地在理论与道德层面去把控技术及其应用的走向。信息化教学变革以来，由于受制于传统的教育范式，教师在面对变革时往往陷入路径依赖而不自知，产生"穿新鞋走老路"现象：要么利用技术的便捷强化传递式教学的效果，结果教学从人灌变为机灌，管理从监督走向控制；要么为了追求信息化光环而过度添加技术应用环节，造成教学内容冗余化、碎片化，师生负担越来越重，走向了自由和解放的反面。对教师而言，主动适应新技术是一场全面而深刻的变革，不仅包括技术及其应用能力的获取、践行，还应包括对于技术的认知以及相应的价值立场和态度。物化形态技术的剪裁或修补忽视了教学活动的系统性，教师的技术适应作为一种社会文化活动，应该在技术工具层面、技术环境层面和技术观念层面皆作出朝向社会主流价值的调整才能有所成效。教师的技术适应如果不能抵达价值层面，信息化教学中林林总总的"高耗低效"现象便不足为奇。教师主动适应新技术体现的是教师尝试革新的愿意，通过对技术社会的深刻理解，形成教学技术认同。在富技术环境下，强调教师"主动适应新技术"既不是对教学效率的追求，也不是对技术盛行的回应，而是希望教师率先成为识变、应变与求变的学习者，突破既有的教学模式和教学惯习，引领学生体悟与探索信息化教学的创新意涵。

教师技术适应所蕴含的社会建构取向能够弥补教学技术的效率困境。技术适应是技术与社会相互制约的过程，教学技术先验地打上了一定社会烙印，反映与体现着社会选择。从这个意义上讲，教师的技术适应其实就是教师的社会适应。教师的技术适应意味着既要正视社会的制约作用，也要克服技术的局限。技术时代的教学活动应该以社会预期目标为依据，协调好人、技术与世界的关系，发挥教师职业的社会影响。技术的效率属性决定其在教学应用的过程中不可避免地倾向于追求速度与数量，这种技术逻辑有悖于教师的教学活动。比起知识的传递，技能的提升，教师职业的本质在于精神的培育，灵魂的唤醒，以恰当的方式促进人的发展。信息社会，面对数字化生存，技术之于教学的重要价值不言而喻，教师对信息技术的创新发展的适切回应，不只是专业素养的要求，更是对社会责任的履行。信息化教学实践中的技术适应是教师引领与改造社会的必要途径，教师的技术应用能力水平是培养数字公民的前提条件。没有教师的参与以及学校教育的配合，学生数字素养的培育注定是不完整的，结果只会加剧学校与社会的区隔，矮化生命的品质。接受、了解与学习新事物是每个个体的基本能力，提倡教师技术适应，是意在强化教师的学习力和自主性，充分行使在教学技术选择、应用、改进等方面的权力，深刻体悟技术适应的教育要求和社会责任，从而引领信息社会的教育方向，实现人类共同利益。

三 教师技术适应的现实逻辑

教师面对教学技术的不适感是正常现象，退一步讲，即使所有的教师都能够主动适应教学技术，各种教学冲突也不会因此消失，相反，教师的技术适应还可能滋生新的问题。技术与教学之间的隔阂是客观存在的，教师的技术适应要做的就是要在理性与经验之间，以主观努力构建技术与教学之间的关系张力，理顺二者的逻辑冲突，发挥技术在教学中的潜在价值。

（一）教师信息技术应用的理想与现实

伴随着教育信息化2.0时代的开启，教师的信息技术应用能力日益受到重视。2018年1月20日中共中央、国务院印发了《关于全面深化新时代教师队伍建设改革的意见》"面对新方位、新征程、新使命，教师队伍建设还不能完全适应"的问题，提出了到2035年"教师主动适应信息化、人工智能等新技术变革，积极有效开展教育教学"[①]的教师队伍建设导向。至此，教师"主动适应新技术变革"成为教育信息化2.0时代教师队伍建设的主要目标和核心任务。

已有的技术社会学理论对技术适应现象的分析，如技术接受模型（TAM）、任务技术适配模型（TTF）、理性行为理论（TRA）等研究，大多是运用理性或认知行为理论，在逻辑起点上把技术主体视为理性人。以此为基础，教师技术适应与采纳研究，也是基于技术主体"主动应用"的假设，把信息技术的应用视为教师在教学活动中的一种主动选择行为。但问题在于，日常的教学实践中情况并非如此。教师在教学中应用信息技术大多源自行政层面的强制性要求，是名副其实的"被动应用"。从信息技术应用能力提升的方式上看，教师参与式培训和在线远程研修都是自上而下的教师教育和培训模式，是一种由地

---

① 《中共中央国务院关于全面深化新时代教师队伍建设改革的意见》，2018年1月3日，http：//www.moe.gov.cn/jyb_xwfb/moe_1946/fj_2018/201801/t20180131_326148.html，2020年4月11日。

方教育行政部门和教师所在学校依据相关政策规定和实际工作需要组织实施的教师培训，大体可以算是"要你学"。① 教师作为单位人、系统人，不可避免要受到学校组织因素以及社会系统因素的影响，教育信息化的时代趋势已经形成，通过行政手段干预信息技术的教学应用是当下教学改革的重要举措，教师被动应用信息技术的现象在教学现实中极为普遍。教师的技术适应从技术特征、任务需求到组织结构涉及众多影响因素，充分显现了教师、技术、环境交互的复杂性，也体现了教学技术的社会形成，即外源结构对于教学技术采用及认同的影响。通常情况下，教师为使教学技术实现预期的功能，会根据行政与教学任务的需求采纳相应的技术，这种所谓的"积极配合"实际上隐藏着教师的妥协与无奈，个体选择与决策权的实现皆是在行政规定的有限范围内进行的。所以教师技术适应的现实逻辑从来不是纯粹地主动选择或理性决策，而是教师与技术在复杂教学情境中的关系调整与转化。严格地以"主动"或"被动"来规限技术主体对于技术的适应状态显然过于绝对，保持恰当的张力才能留下思考的空间。适应作为人类重要的学习与发展机制，包含着理性与经验之间的相互印证，主动与被动都是二者协调的策略。况且，即使教师主动适应新技术，在信息化教学变革过程中也会经历无法预知的困境与风险，主动既不能排除被动的困境，也不与被动存在冲突。所以面对不适，重要的是转化而非规避。

（二）教师技术适应的局限与张力

政策文件是国家意志和社会需求的集中表达。关于教师队伍建设的具体目标和要求是对教师发展的战略性规划，相关的改革实践及其效果则在不断地验证着教育活动的复杂性，二者的不对称关系是探讨教师技术适应问题的前提。

教育的信息化发展要求教师形成对教学技术的深刻体认，但过于强调教师的技术适应会导致教学自主性的消解。信息技术的作用是有

---

① 焦建利：《中小学教师信息技术应用能力提升工程随想》，《中国信息技术教育》2014年第13期。

第六章　智能时代教师的技术适应与促进主张

条件和局限的，受制于应用的主体与情境等多重因素，也并不是适应了技术变革所有的教学问题就能迎刃而解。如果不能根据技术的特性与教学的需要进行应用，恐怕只会适得其反，造成教学中理性的分离甚至异化。例如在有些信息化教学中，有的教师以人机交互替代人际交流，要求学生各自操作技术设备，并在系统中进行信息交互，却不倡导学生与身边的同学交流；某些学校花费巨资建设了智慧教育和未来教室，为了体现信息化，教师被要求在日常教学中必须有所使用，为了技术而技术，忽略了教学的实际需求；各种信息化教学的理念与模式一经推崇便成为先进的符号，很多教师在教学中盲目借鉴，为了外化"适应"而依葫芦画瓢，似乎不追随便不足以表明变革的态度。事实上，并非所有的技术适应都应当受到鼓励和追捧。既然速度是技术的属性，那么教学技术的效率取向也在所难免，作为教师如果不能对教学技术适应过程中的异化现象保持警惕与反思，思想的片面与麻痹很容易形成，进而对盛行的教学技术无意识地寄予厚望，一旦固化为稳定的教学惯习，便更是积重难返。所以说，一味地强调技术适应势必会导致教师教学自主性的削减，走向信息化教学创新的反面，失去探索、改革与发展的内源动力。借此，教师因适应而具备的技术优势可能因为教学对象、条件以及环境的变化而消失，如果不能及时省察，调整教学方法，曾经的优势可能会化为局限，步入自我否定状态。

信息化教学变革中教师对新技术的采纳及创新使用，是教师根据需求置身教学环境对人与技术关系的调适，主动或被动的界定都是静态分析的结果，并不能以此作为教师是否具有适应性的依据。在现代社会生活中，信息技术的智能化发展不断更新着技术与时空这一深层次问题，每天都有新技术产生，并不可避免地淘汰一批过时的东西：现存的技术因被超越而变得老化，由它产生的社会环境也因此而过时——人、职业、知识、财富等一切，或是适应新技术，或是随旧技术而消亡，别无其他选择。[①] 在教学生态中，人、技术、环境形成了一个相互制约的教学空间，随着技术的创新发展，教师与技术及其环境

---

① ［法］斯蒂格勒（Stiegler, B.）：《技术与时间：爱比米修斯的过失》，裴程译，译林出版社1999年版，第17页。

的适应关系也处在变动之中。当教师适应新技术时，整个教学组织结构都会随之作出调整，所以教师是否能够主动适应技术革新是多维因素综合促进的结果，除了技术主体之外还包括技术设备本身的特点，也离不开学校组织、管理制度和文化氛围等相应软环境的支撑。对于复杂教学活动而言，优先考虑目的性是一个当仁不让的问题。教师的技术适应同样是与教育目的分不开的，如果不能以教学中的人为尺度，实现人的发展，无论主动与否都不足取。强调教师技术适应的主动方式，是为了更好地服务于教育目的，与把"主动"本身作为目的是两个不同的问题。深思熟虑地被动应对也能生成主动意义，而不假思索地主动适应最终只会陷于被动境况。现代教学中备受指责的技术异化，并不单单指涉教师对于技术及其教学应用的不熟悉、不充分、不恰当状态，更主要的是指教学技术应用的不合目的性，忽视教学规律与诉求，因技术逻辑而背离初衷，甚至因技术崇拜而陷于"非人化"，这些问题恰恰是以"主动适应"的姿态为表征，非常具有迷惑性。总之，教师如果完全追着教学技术走，纵徒有主动态度，却依然可能沦为技术的"陪衬人"，这样的信息化教学只能铸就"无意义的灵魂"。所以问题的关键不在于方式的主动，而在于目的的自觉，鼓励教师主动适应技术变革意味着希望教师在应用教学技术之前能深度思考"为什么"，避免把对技术的"适应"演化为"依赖"。

适应不同于依赖，适应从来不是静止的、单向度的，筛选一个节点审视教师技术适应的主动与被动，不利于对真实教育情境中的问题的充分认识与把握，也无法充分解释教学系统的复杂性和整体性。教师技术适应强调的是教师与环境相互作用的状态。脱离环境支持与保障谈适应，会激化教师与技术的矛盾；同样，全部寄希望于技术及其环境的改变，只会出现教师为技术所挟持的依赖困境。"承认外界环境是进化必须慎重考虑的力量，与宣布外界环境是进化的直接原因，这完全是两回事。"[①] 后一种机械的决定论否认了适应过程所蕴含的转化与创造力量。诚然，技术环境确实能够促进人类适应和社会发

---

① [法]柏格森（Bergson, H.）：《创造进化论》，肖聿译，华夏出版社1999年版，第91页。

展,但不能成为决定力量,既不能保证进步状态,也不能确定前进的方向,而且停滞、偏离,甚至折返也是伴随适应产生的常见现象。教师适应技术变革体现了教师对技术世界的探索与学习,在主动与被动之间保持恰当的张力是适应的关键:一方面要鼓励教师紧跟时代需要,尝试新技术,对技术介入教学空间的支持作用予以重视,不断提升信息技术应用能力;另一方面要强化教师的专业自主,正视教学技术的局限,对技术发展可能带来的教学负效应保持必要的警惕。避免对适应机械理解,技术适应不是无条件的,更不是越主动越好,在某种程度上,教师对教学技术的适当抵抗,是对人文逻辑和教学规律的捍卫。

四 教师技术适应的促进主张

技术与教学的隔阂是多层面的,从教学技术的开发、规划、购置到采纳,市场研发部门,教育行政部门及学校管理层面在进行技术决策时往往会不同程度地会把产品与技术放在优先考虑位置,造成教育中主体的客体化,忽略了教学技术的人文价值。所以,问题的关键在于获取权力层的支持,在各环节融入价值关怀,为教师技术适应提供支撑条件和空间保障,以教师的自我意识为抓手,在实践中促进教师不断反思"教学技术应用"的"所以然",逐步深化教师对于适应技术变革要求的体认。

以生命关怀和德性意识审视教学技术及其应用,从价值层面关照教师技术适应的人机协同发展态势。凡是进入教学的技术,无论功能是增强效率还是拓展能力,如果不能体现教育价值关怀理应抵抗,这是教师技术适应的底线。技术如若不能为教学中的人服务,哪怕是权宜之计也不能接受,因此我们需要对教学技术及其应用报以充分地警惕,而不能心存侥幸地认为这种异化只是过渡的、短暂的。正如尤瓦尔·赫拉利(Yuval Noah Harari)在讨论冠状病毒之后的世界时所呼吁的:在危机时刻,为了规避更大的风险投入使用不成熟的技术,甚至是危险的技术,但在应急的同时也要思考风暴过后的世界,因为历史经验表明，许多短期的紧急措施具有持久保持下去的惯性，并终将成为生活的一部分。① 技术一旦介入教学，便成为教学系统中的一个因子，或独立或附着，以特有的方式改写着教育的路径，影响着人才的培育。"仁者无忧"，无论何时，技术的研究、开发、选择与使用必须体现人文逻辑，以人为尺度，在价值立场上应当秉持为了赋予人更多的权力，而不是支配人的需要，对人形成反控制。正是从这个意义上讲，教学技术并非中立的，效率作为教学技术本质的意向结构，凝聚着技术产品设计者的意向性，进而成为富技术环境中的师生谁都无法规避的技术"座架"。既然技术的意向性不可避免，澄清教学技术中的"主体意识"至关重要。在教学技术的开发与选用上遵循教育理论，让技术设计者、教育研究者与教师形成协作关系，形成研究实践共同体，在立足教育规律的基础上，以技术拓展和深化理论的理解和应用。如果既非教师的意向性，也不是教育专家的意向性，那么期望通过这样的技术意向活动促进教学和人的发展显然是一种不切实际的幻想。另外，教师的技术适应并不是单纯的现实妥协，还隐含着对未来生活的研判。面对智能时代的来临，与其说 AI 教师会取代人类教师，不如说传统教师将被具有人机协同适应能力的教师淘汰。人工智能要达到人类的智能，有三种方案可供选择，即超越能力、展示属性与承担责任。② 前两者容易做到，但"承担责任"这一方案涉及道德伦理成分，社会意义明显，目前仍是人工智能无法企及的领域，也是新时期教师发展的重点努力方向。教师技术适应的目的在于让教师与技术形成协同关系，在教学中形成优势互补，成为具有价值判断和责任担当的"超级教师"。

创设符合信息化教学环境的空间格局，为提升教师信息技术应用能力提供支持，发挥关键群体在教师技术适应过程中的引领作用。"如果未曾生产一个合适的空间，那么'改变生活方式''改变社会'等

---

① Yuval Noah Harari, *The World after Coronavirus*, Financial Times, Financial Times 2020 年 3 月 20 日，https://www.ft.com/content/19d90308-6858-11ea-a3c9-1fe6fedcca75，2020 年 4 月 2 日。

② 喻丰：《论人工智能与人之为人》，《人民论坛·学术前沿》2020 年第 1 期（上）。

都是空话。"① 要真正实现教师技术适应，转变教师的教学方式，必须要生产与现代技术相匹配的教学空间。自班级授课制以来，固定而集中的教学空间便围绕着粉笔与黑板而创设，形塑了"三中心"的经典教学模式。随着信息技术的创新发展，教学时空的拓展和重构成为可能，突破时空界限的个性化教学越来越被视为现代教学改革的重点，与知识输入相比，思维输出成为符合时代发展的教学理念，创设契合信息化教学环境的空间格局是信息化教学不容忽视的一维。我们总强调教师技术适应的必要性，但如果不提供相应的空间准备，形成符合丰富技术环境的组织特征和教学结构，教师的技术适应不可能凭空形成。教师的技术适应是教师基于一定教学空间与技术环境交互作用的机制，与信息化教学空间的生产相配合，根植于相应的条件支持，才能实现教师从被动向主动的转化。从教师信息技术应用能力提升工程的实践的来看，教师群体普遍能够意识到信息技术的重要作用，也有希望借助技术改变教学方式和提升自我发展的意愿，却往往因为缺乏相应的知识与经验支持而停留于观念。

鉴于此，面向未来的教师发展至少应该着眼两方面的准备：一是注重将信息化教学的专业知识融入教师教育课程；二是以教师学习与发展支持教师身份转变，促使教师成长为技术的熟练使用者、富有创造与合作意识的问题解决者、具有适应性和社会意识的专家。② 学习方式与身份转变既是一个理论问题，更是一个经验问题，体现着技术适应过程理性与经验双向促进机制：一方面，继续加强专业知识的储备，并优化其呈现方式。立足教师学习与发展规律，抓住成人学习的"做中学"特征，转变输入式的学习与指导方式，综合运用任务驱动、问题导向以及共享协作等方式，为教师搭建理解与迁移的脚手架。另一方面，除了改变知识表征方式，也需要从组织与管理的角度寻求配合。面对信息化教学变革缺乏主动性与积极性的教师，大多数尚处在从观

---

① 亨利·列斐伏尔：《空间：社会产物与使用价值》，出自包亚明《现代性与空间生产》，上海教育出版社2003年版，第47页。
② 赵建华、蒋银健、姚鹏阁等：《为未来做准备的学习：重塑技术在教育中的角色——美国国家教育技术规划（NETP 2016）解读》，《现代远程教育研究》2016年第2期。

念到行动的过渡阶段，他们虽然具备信息技术与教学融合的相关理论和相似经验，但却不知道如何在行动上实现，无法真实情境中综合应对新问题，所以校长重视、教研员指导、骨干教师示范是教师信息技术教学能力提升的最直接推动力量，创建学习共同体，总结先进经验与模式，发挥这些关键群体的引领作用是教学空间生产的核心任务。

培育教师健全的理性，强化教师的自我意识是促进教师技术适应，完善未来教师价值体系的基础保障。技术是解放力量还是控制手段，取决于教师的价值理性。教育者的智慧是教学技术价值兑现的条件，陈旧、机械的技术也可以经由教师的灵活应用而发挥积极的教育作用。教师作为技术主体应该根据教学需要选择有效的、适用的教学技术，同时教师作为教育主体，仅从工具理性的角度采纳教学技术是远远不够的，还要避免理性的主观化，对教学技术的合理性与意义性进行价值审视。教学审慎是教师的当然责任，它要求教师在思想和行动上保持周密而谨慎的状态，面对复杂的教学矛盾和冲突时能够进行全面细致的考察，在教学利弊得失中仔细权衡，从而作出符合教学发展方向并取得预期教学效果的行为。[①] 在教学中，新技术的应用必须经由教学审慎的追问，不管是主动选择，还是被动接纳，教师都需要对教学技术应用的可能后果及其正当性进行理性地省察，依据不同的教学需求和情境定夺并确证教学技术应用的适切性，综合运用知识与思维来凸显教师在信息化教学中的专业自主。具备自主性的教师能够根据社会理性合理调控自身行为，规划其教学生活，从而使教学的发展合乎社会预期的方向。[②] 教师唯有根据自我意识和社会需求理性调整面向技术世界的适应力，才能形成自己对于教学技术应用的积极体认，从而明确自己信息化教学变革的价值立场。可见，教师的自我意识，一种具有高度社会责任感的自主性，与教师的价值选择密切相关。自我意识作为人类的本质特征，是人类教师区别于智能机器的核心优势。在未来，理想的教师队伍或许可以存在越来越像人的智能机器，但绝不允许出现越来越像智能机器的人。所以促进教师技术适应的关键在于发

---

① 徐继存：《论教学审慎》，《课程·教材·教法》2019 年第 8 期。
② 车丽娜：《论教师的社会理性及其培育》，《教育研究》2019 年第 11 期。

展与强化教师的自我意识，以纾解并超越技术逻辑困境。尤其是在智能技术已经具备"超能力"的今天，教师作为一个有限的能动者，只有明确自己必须遵循的价值体系，以相对稳定的价值观应对无休止的变化，形成认同的信息化教学标准和依据，并在教学实践中运用理性积极探索与反思，达成思想与行动的统一。我们才认为他是一位能够适应技术挑战的教师，一位真正具备自主和创造意识的教师。

第七章

社会变迁中的教师价值取向

任何重大的社会变革及其新体制的确立，都会引起人们价值观念上的调整与变化。同时，作为一种潜在的行为可能，人们的价值取向变迁又对社会的发展产生相应的反作用。教师价值取向的变迁是中国社会变革发展，中国教育发展变化的一面透镜，是社会与教育改革在教师身上的一种主观反映。从中华人民共和国成立到改革开放，再到社会主义市场经济的确立，整个社会的秩序与利益格局都发生了显著变化，也使得教师的价值取向不断地作出适应性调整。70多年来，教师的价值取向变迁与社会发展之间一直呈现出一种双向互动的关系。一方面，社会的巨大变迁与转折必然要通过社会成员价值取向的变迁而表现出来，教师作为社会发展的引领者、代言人，其价值取向具有相当的代表性；另一方面，作为沉淀在民族文化心理中的深层结构，教师的价值取向变迁也极大地影响和干预社会既有的生活方式、行为规范和思维惯习，对社会的运行与发展起着潜在的规约与导向作用。通过对教师价值取向变迁的研究关照社会，期冀以小见大，反思教师价值取向形成的现实基础和内在机制，从思想上深化对社会变迁的认识，进一步明确今后教育改革与教师专业发展的方向。

一 教师价值取向的历史流变

（一）教师价值取向的代际归属

纵观中华人民共和国成立70多年的历史，教师的价值取向具有明显的代际特征，通过社会心态、价值追求等形式表现出来，并最终以类型化的人格特质沉淀下来,形塑出不同时代背景下的师者表征。一代代教师的精神结构具有历史统一性,但每个历史时期中教师的价值取向都不是绝对单一的,而是呈现为多种元素、图式的胶着、共存。当一种或几种基本的价值因素起主导作用时,其他的价值观念也并没有消失,而是处于悬置状态,当社会结构、现实条件发生变化时,整个社会的价值系统也会随之发生调整,其中的各种价值观念与元素或隐或显,有休眠有觉醒,重新排列组合构成不同的价值图式,如此周而复始。

在中华人民共和国成立的前三十年,教师作为一个政治人,秉持革命集体主义的价值取向,从奉献到革命,又红又专,以红为先,用自己坚定的革命理想与信念,书写了人民教师的光辉形象。纵然在"文化大革命"期间,他们饱经磨难,但并不影响他们形象的高大。改革开放后,教师沦为经济人,开始走向世俗,作为知识经济的承担者,教师的价值取向也呈现出利己的特点。再到当下社会,教师还成为技术精湛、谋求发展、以用为上的专业人。教师价值取向上的这些变化并不是凭空发生的,而是有着深刻的社会基础。

回顾70多年来教师价值取向演化的全程,引领与适应社会是教师职业在任何时代都不可或缺的文化内涵,公平、效率与发展是教师永恒不变的价值追求。只是随着时代的发展变化,它的一些内容与形式也会随之发生改变,常常以不同的方式来反映着变与守的主题。越是在转型冲突激烈的时期,守与变之间的张力就越大,对教师的考验与要求也就越高。根据以上分析,可以把教师价值取向的变化与表征划分出三阶段五时期(见表7-1):

表7-1　　　　**教师价值取向的周期变化与表征汇总表**

阶段/主题/倾向		时期	形象/表征
政治适应/追求公平	主动改造	1949—1966 年	无私奉献的政治拥护者
	被动革命	1966—1976 年	心灵政治化的被动革命者
	政治与学术并重	80 年代	又红又专的知识传播者

续表

阶段/主题/倾向		时期	形象/表征
经济发展/追求效率	适者生存	1992—2001 年	关注业绩的谋生者
	谋求发展	2001 年至今	技术化的专业人
学术创造/追求发展	精神与创造	未来	

（二）教师价值取向历史变迁的特点

首先，社会主导性。自中华人民共和国成立以来，教师价值取向的变迁都深刻反映着国家的意志和导向，与社会变迁之间呈现出很大的关联性，带有明显的时代印迹。另外，随着教育的发展和教师主体意识的觉醒，教师的价值取向的变迁也展现出主动性的特点，由被动到主动，从经验到自主。

其次，从外控式向内外并重的趋势转变。中华人民共和国成立以来，教师作为体制中的人，他们的价值取向变迁呈现出与社会变迁亦步亦趋的特点。21 世纪以后，随着体制改革的深化和个体自主意识的增强，教师的内在价值追求也日益强烈，这赋予了教师价值取向变迁的足够动力，增强了其对社会变迁的影响。

再次，从一元走向多元。70 多年来，我国对教师的价值取向的形塑一度存在着明显的一元化倾向。思想解放以后，教育的价值与功能得到了重新思考与定位，教师的价值取向也在这一过程中被不断更新，逐渐开始摒弃一元，兼顾社会与自我的共同发展。

（三）教师价值取向与社会变迁的内在关系

教师价值取向与社会变迁之间始终是一脉相承的：一方面，时代制约着、决定着教师的价值取向。时代的迫切需要催生了体现这种时代要求的价值取向，并为某种价值取向的形成提供条件，价值取向的类型必然受制于时代，依赖于时代。另一方面，教师价值取向又反映着时代、影响着时代。一定时期内的教师价值取向势必反映着时代的基本主题与特征，在很大程度上映射着该时代的社会心态、价值选择。正是通过这些方面，教师价值取向也影响着时代的发展，是推动或阻碍。总之一句话，时代作用于价值取向，价值取向又反作用于时代，即教师价值取向的产生与发展离不开时代背景，同时，时代的现实需求又呼唤教师群体某种价值取向的到来。中华人民共和国成立以来，教师价值取向与社会变迁之间的内在关系大致可以从以下三个方面来分析。

1. 时代制约着教师的价值取向。从价值取向产生的原因来看，一定时期内的教师在心理与行为上的某种倾向，绝非偶然。而是多种因素交织、作用、综合的结果。纵向考察中华人民共和国成立以来教师价值取向的历史嬗变，就会发现，时代是决定教师价值取向最基本、最关键的因素，时代的迫切需要与适宜的文化生态环境催生着教师价值取向，教师价值取向是时代的产物。首先，在不同的时代，由于孕育教师价值取向的文化环境存在差异，教师价值取向的性质也不相同。如在泛政治化的时代，教师的价值取向往往表现出国家本位，而在经济建设时期，教师的价值取向兼及个人。其次，时代的主题、特征决定着教师价值取向的旨趣和功能。每个时代有每个时代的历史主题和工作重心，所以不同时期教师价值取向的旨趣与功能也会随之变动，比如在以阶级斗争为纲的时代，教师价值取向的旨趣与功能就是为阶级斗争服务。总之，教师价值取向的旨趣与功能是受历史制约的。最后，不同时代社会价值取向的变化，使教师价值取向的结构也发生着调整。社会主流价值取向是教师价值取向形成、发展与变化的基本依据与范围，随着时代的变迁，社会主流价值体系的内在结构与要素也会有所调整，间接地影响着教师价值取向。

2. 教师价值取向反映着时代。教师价值取向是观察时代变迁、社会发展的一个重要窗口，它的发展、变化在一定程度上反映、记录着社会演进过程，具有明显的时代烙印。在不同的历史时期，教师价值取向具有不同的特点及表现形式。这些不同的特点，实际上是时代变迁的体现，是不同历史时期的政治、经济、文化的反映。教师价值取向是基于时代文化状况、社会背景而产生的，只有把教师价值取向放在时代的政治、经济、文化发展变化的大背景中去考察，才能认识其本质。通过解读中华人民共和国成立以来各个时期教师的价值取向，大体可以勾勒出这段时期社会变迁、教育演进的线索与轮廓。教师的价值取向必然反映着社会变迁的特征，社会变迁也规定着教育变革的方向和性质。但反过来讲，教师并不只是消极适应、被动反映社会的变迁，它也具有自己的主观能动性，在适应社会的同时，能够对社会变迁发挥积极的反作用，影响、促进社会发展的进程。

3. 教师价值取向影响着时代。从结果来看，中华人民共和国成立以来教师价值取向对时代的变迁、社会的发展产生了重大而深远地影响。积极的教师价值取向可以推动历史的发展。价值活动既是政治的活动，又是文化的活动，教师作为文化的传播者，在价值观、人生观的宣传、教育方面发挥了重要作用：（1）稳定社会秩序，推动社会整合。任何社会的进步与发展都要以一个稳定的秩序为前提，这一点对于转型时期的社会尤为重要。无论是中华人民共和国成立初期，还是改革开放，在这些历史节点上教师群体对社会凝聚力的提升都是功不可没的。20世纪五六十年代，教师群体无私无己的价值取向与当时官方极力倡导的主流价值观、人生观十分吻合，他们在生活与工作中以身作则，身体力行，为国家培养了大批思想进步的社会主义接班人，对当时的社会动员及社会整合意义重大。到了改革开放，他们又迅速从灰暗的情绪中走出来，承接了历史，艰苦奋斗，对教育事业的恢复与发展作出了贡献，也间接地促进了社会进步。（2）传播爱祖国、爱人民的精神品格。解放初期在一次次的反侵略、反压迫与反剥削的思想教育中，教师通过思想与实践把国家情结与为人民服务的意识传播给祖国的下一代，很好地培养了学生的革命英雄气质。他们用一颗爱心照亮了学生的前程，描绘了社会的前景，为国家的政治建设和经济发展提供了必不可少的精神力量。（3）延续无私奉献、爱岗敬业的优良传统。1949—1966年，我国的经济条件还很落后，教师的生活境遇也并不算高，但这丝毫没有影响他们的工作热情。到了改革开放之后也是一样，很多教师面对烦琐的工作兢兢业业、任劳任怨，无论是在思想上还是实践中都始终把国家分配的工作任务放在首位，延续了克己奉献的光荣传统，树立了伟大的红烛形象，为社会提供了鲜活的榜样，从正面触动了人们的价值观念。

二 教师价值取向变迁的启示与思考

纵观中华人民共和国成立的 70 多年，经过一系列的社会改造与整合，中国的社会结构和经济基础都发生了巨大的变化。与此相应，社会主流价值观念和心态也发生了显著的变化，教师作为社会精神文化的主要引领者，其价值取向与社会变迁之间的交互影响给我们留下了宝贵的经验教训。

（一）教师队伍的整体发展离不开稳健的社会环境

稳定的生活环境、良好的社会秩序，是教师队伍发展的基本大前提。教育的发展和教师的培养，是一个长期的、系统的工程，所谓百年树人，培养教师也是同样的道理。透过历史的脉络我们可以看到，中国社会变迁和教师价值取向变化的对应关系：相互影响，休戚与共。

另外，教师价值取向的历史变迁，必须要与社会发展状况一致，与经济基础相匹配，上层建筑与物质基础的错位，会让社会的价值秩序陷入混乱。首先，教育发展与教师队伍的建设是需要经济条件的，不考虑这一点，教师队伍的发展就缺失了最基本的条件，即使有了短暂的进步，也只是强弩之末。其次，除了经济因素，教育发展与教师队伍建设还要与上层建筑，即国家意识形态与精神文明建设相照应。

（二）教师队伍的价值观建设要遵循自身的发展规律

首先，教师队伍建设要遵循教育发展规律，克服对政治与经济过度依附。教育属于上层建筑的范畴，受经济基础的制约，这决定了教育改革要反映经济社会发展的客观要求，为经济社会发展服务，在教育规划中，要根据经济社会发展的实际，做好规划工作。教育作为一种社会现象，有自己运行和发展的规律，作为改革主体的教师不能置身于外，成功的教育改革总是调动教师的积极性，寻求他们的认同和参与。虽然社会的政治与经济秩序规定着教师队伍发展的基本状况，但只是看到了问题的一面。我们不能只是消极地等待教师队伍发展的良好条件，而是要发挥能动性，积极创造。在教师队伍建设工作中要有意识地克服外生性和依附性，了解教师的思想状况，关照教师的生活处境，不能以政治与经济的逻辑来粗暴地干预教师的思想工作，加强对教师群体的人文关怀。"我国目前正处于社会转型期，不同的社会结构特点对教育的社会定位也有所不同。在计划经济时代的二元社会结构中，教育被定位为上层建筑或经济基础。而到了市场经济时代的三元社会结构中，教育则被定位为第三部门。"① 对教育的不同社会定位是教师价值取向变化的前提性条件，教育的依附性在很大程度上决定了教师价值取向的外在控制特征。教师队伍建设工作有其自身的发展规律，正确反思以往"左"的错误并追溯其理论根源，肯定、尊重、研究和利用教育现实中的客观规律，才能从根本上让教育与教师重获自由，以促进社会的全面发展。

其次，教师队伍建设要顺应时代的前进方向，保证教师教育政策的连续性。历史的经验告诉我们，随着社会的进步，适当的改革是必要的，但在一定时期保持教育方针政策的稳定性、连续性也是不言而喻的。教师要跟上时代发展的需要，引领、促进社会的发展，就需要不断地学习、更新与完善自己，但教师的教育与发展又是一项系统的复杂工程，尤其是在价值多元的当下，学习哪些内容，把哪些素质的完善置于首位，都是需要顶层设计的，决不能漫无边际的即兴发挥。在根据社会现有发展水平做好教师职业价值定位的基础上，要做好规划工作，这就要求国家在制定相关政策时，要以长远的眼光来作出周密的计划安排。在前面的历史爬梳中，可以看到以往在这方面我们做得并不到位，很多时候没有从实际出发，做好应有的规划工作，在对教师的培养与教育过程中，又总希望能毕其功于一役，没有尊重教师队伍建设的内在规律，给教育以及社会带来了很大的浪费与损失。

---

① 张红：《新中国基础教育课程政策的价值取向研究》，东北师范大学博士学位论文，2008年。

（三）培育教师积极的价值取向需要以几对合理关系为依托

1. 正确认识教师价值取向与政治之间的关系

在教育现代化过程中需要正确处理教育与政治之间的关系。每个时代的整体社会背景都是教师价值取向的生态环境，构成这个生态环境的因素有政治权力、经济形态、思想文化、社会心理等。在诸多因素中教师价值取向与政治意识形态之间的关系尤为紧密。在改革开放以前，政治意识形态是影响教师价值取向形成与发展的首要因素。

政治与教育虽有不可分割的联系，但不是唯一的决定与被决定、服务与被服务的关系，何况政治运动并不等于政治，在"教育革命"中，片面地强调教育为政治服务，而这里的政治又常常与政治运动混为一谈，表现为教育为政治运动服务，完全丧失了自身的独立性。教育为无产阶级政治服务，但怎样理解政治，教育怎样为政治服务，在当时一直是一个模糊不清的问题。改革开放以后，邓小平明确回答了这个问题，他说："毫无疑问，学校应该永远把坚定正确的政治方向放在第一位，但这并不是说要把大量的课时用于思想政治教育，学生把坚定正确的政治方向放在第一位，这不仅不排斥学习科学文化，相反，政治觉悟越是高，为革命学习科学文化就应该越加自觉，越加刻苦。""要把我国建设成为现代化的社会主义强国……就必须培养具有高度科学文化水平的劳动者，必须造就宏大的又红又专的工人阶级知识分子队伍这些要求本身就是无产阶级政治的要求。"[①] 可以说，邓小平的这一论断既体现了强烈的时代感，又符合马列主义关于政治原意的阐述，应该成为当代和未来中国正确处理教师教育与政治关系的一个指导方针。

2. 要处理好教师价值取向与社会主流价值观之间的关系

教师价值取向对学生具有很大的导向作用，这种导向作用可能是积极的，也可能是消极的，我们要趋利避害，设法培育教师积极的价值取向，以期其对学生、对社会发挥正面的导引作用。这需要一个积

---

① 邓小平：《邓小平文选》（第二卷），人民出版社1994年版，第104页。

极的大环境，从国家与社会层面对教师价值取向作正确引导，使教师价值取向凸显、弘扬时代的主旋律，促进社会主流文化的传播，让教师价值取向成为进步的推动力量，促进整个时代健康精神状态的形成。当下市场经济与消费文化成主流的社会状况，对教师价值取向是一项严峻的挑战，各种急功近利的风气考验着教师价值取向。教师个人的努力只是一方面，在督促教师提高自我修养的同时，还要营造积极、健康的大环境，缓解教师的身心压力，支持、帮助其稳步走出价值困境。在我国主流的社会价值观中，一直存在着对教师的期望过高的问题。

社会价值导向的偏差，主要表现在用泛道德主义的眼光来审视教师。泛道德主义的确可以获取更多的社会认同，但也容易导致道德专制，长期的泛道德主义让教师产生一种动辄得咎的感觉，在这种道德专制的高压下，教师的压力倍增，不免出现表里不一的举动，说一套，做一套。所以我们在对教师的价值导向上有必要加强对教师的人文关照，而不是一味地增加道德规范。

3. 要把握好教师价值取向天平中知与德的关系

历史地看，教师价值取向在不同时期主题鲜明，受制于时代氛围与意识形态的影响，教师的价值取向也随着时局的变幻而发生着调整。但不管怎么变，从职业的角度讲，教师价值取向中的一些因素还是相对稳定的。其中最稳定的两类教师价值取向是知识与德性，这是个一体两面的问题。且不论二者之间的关系谁前谁后、是否冲突，不容置喙的一点就是这二者的主体地位始终是其他因素所无法撼动的。

首先，没有道德关涉的教育，会让教师走向功利，成为欲望的奴隶。在今天这样一个理性化、技术化的时代中，我们依然无法用科学的方法去论证教师的职责到底是什么，只能用知能的标准去要求教师达到怎样的程度。但是"一个人可能是十分杰出的学者，同时却是一位糟糕透顶的老师"①。因为教师具有双重身份与责任，不仅需要具备渊博的知识，启人智慧，同时还必须具备一位教师应该具备的非智力

---

① ［德］韦伯：《学术与政治》，钱永祥等译，广西师范大学出版社2004年版，第159页。

因素，对学生产生价值观上的影响，尽到启人清明、唤醒责任的使命。教师作为一个社会人固然不能忘情于基本的待遇与地位，但更重要的是在良好的生活与工作条件下发挥自己的师者作用。一名有社会责任的教师，总要有点价值自觉，不能总是着眼于国家与社会对自己给予了什么，更要反思自己是否问心无愧，是否对得起这份职业与称谓。其次，失去学术性的道德关怀，只会让教师世俗化，失去为师者的根基。中国自古就有把教师视为"道德人"的文化传统，所谓师者必然是具有利他的价值倾向，像蜡烛一样燃烧自己，照亮别人，无私奉献，不计得失，这种观念深刻影响了人们对教师的期许。受传统影响，我们一直把道德人格作为评价一个教师好坏的标准，为人师者必须要以身作则、克己奉献，至于专业知能方面的要求相对被淡化了。"人以学而立，立以德为先"，德性优位的文化传统在很大程度上形塑了教师的崇高形象。这固然重要，但作为一个教师，道德并不是全部，丰富的知识储备与熟练的教学技能也是不可或缺的。尤其是在当下的知识经济时代，空有满腔热情的教师，并不能肩负起培养人的责任和使命。所以，从社会变迁的角度来审视教师，我们看到了教师素养与时俱进的必要性。时移势易，道依于势。

三　教师价值取向的现实关照

随着社会的开放，人们的价值观念日益多元，传统与现代、东方与西方……各种不同的价值体系相互交织、渗透，价值标准也不再单一。在现实生活中，教师的观念与行为受到多套不同的价值体系影响，在道德与生存、尊严与利益之间，在到底应该选择怎么样的生活等这些问题上，他们常常陷于自我矛盾的心境。就像韦君宜在《思痛录》中的内心剖白："参加革命之后，竟使我时时面临是否还要做一个正直的人的选择。这使我对于'革命'的伤心远过于为个人命运的伤心。"[①] 教师作为知识分子，受我国士人传统的影响，他们具有明显的

---

① 韦君宜：《思痛录》，文化艺术出版社2003年版，第48页。

依附性，内心保守且敏感，缺乏安全感，认同与归属的需要十分强烈，渴求得到同行的认可、领导的认可、专家的认可、学生的认可、家长的认可。哪怕只是一句微不足道地表扬和鼓励，都将成为他们重要的意义源，欣慰于自己的艰辛付出是值得的，体会到工作带来的成就。依赖外在的认同来证明自己工作和存在的价值这一现象，至少可以给我们三个方面的思考。

（一）价值多元与教师职业核心价值的建构

进入 21 世纪，伴随着信息社会的到来和西方教师专业化话语的引进，国家开始自上而下地实施教师专业化，对教师的专业晋升提出了一系列量化考评指标。这些具有现代特质的价值体系，与我国传统的价值标准相比，开放而多元。受此冲击，教师的价值观念与行为方式都发生了很大变化。在现代与传统的对峙中，价值多元不可避免，由于缺乏统一的价值评判标准，教师群体普遍陷于一种焦灼的状态，社会上也对于究竟怎样才算是一个"好教师"的问题没有一个共识性的结论。在改革开放以前，这种焦虑是不存在的，教师的价值取向是高度同质化的，即做党和国家的人民教师，服务于社会主义建设，为国家的教育事业而奋斗。从各种教师叙述、回忆的案例中我们也能明显地感受到这一取向，强调作为教师要克己奉公，并以服务人民为荣，做到这一点就是一个优秀的人民教师。到了改革开放之后，社会的需求日益多样化，人们的价值观逐渐多元，教育领域也越来越开放。市场的干扰，专家的介入，让教育的利益主体呈现多极分化的状态，教育中的人不可避免地要受些影响，对于"好教师"的界定也有了各种不同的看法。尤其是教师专业化之后，教师要面对的不仅是政治、经济与民意之间的价值博弈，还要思虑知性与德性的内在张力。什么样的教师才算是合格的？没有统一的答案。因为传统的价值评判标准已经日益模糊，而当下各种纷呈的价值之间又缺乏一个贯穿的主线，一时间教师普遍感到自己有"有角色而无身份"[①]。缺乏对职业的认同，

[①] 叶菊艳：《改革开放以来中小学教师身份认同的建构及其类型——基于历史社会学视角的案例考察》，《北京大学教育评论》2015 年第 4 期。

成就感与意义感也正在被削弱，对于部分教师而言，工作只是一种谋生的手段。

> 当小学老师，实话讲啊，心底多少是有点自卑感的。到了社会上，互相介绍的时候，感觉有点说不出口，怕被人看不起，要钱没钱，要权没权的，再普通不过的了。不说尊重不尊重的，别拿下眼看就行。反正就一个职业嘛，也无所谓，能自给自足就行，没什么特别的追求，教教孩子，挣点儿工资，说得过去，其实也还好吧。①

在一个价值多元的社会中，当价值标准与规范不够明确时，价值危机就出现了。就教师价值取向而言，多元但缺乏统领就是最大的危机。失去追逐的目标，会让教师陷于盲目，呈现出对"势"的过度依附，这让我们不得不忧虑多元价值的引领问题。虽然我们都深刻地感受到现今的社会正在分化、走向多元，每一个阶层、每一个群体，甚至是每一个人都有自己不同的价值观念。但在同一背景下，人们在某些方面的价值观念上，必须存在一个基本的共识。不管时代怎么变换，社会如何改革，总有一些最本质的价值是固定不变的。比如，是医生就要治病救人，是教师就要为人师表，在其位谋其职这是一个基本的伦理底线，到了任何时代都不会更改。作为教师，特别是基础教育阶段的教师，良知先于理论是一个基本的价值标准。

回顾整个的历史，我们发现，红与专的人民教师是新中国成立以来教师培养与教育工作的总基调，"又红又专，以红为先"是共和国教师的不灭灵魂。纵观1949年以来我国教师价值取向变迁的过程可以发现，虽然在不同的历史阶段，对教师职业的定位、对教师基本素养的要求因社会环境的变迁而有所调整，各个时期的要求与规范也有所不同，但变中有守，在守与变的张力之间教师的价值取向也呈现出一定的承续性和发展性。其中，始终矢志不渝强调的就是人民教师又红又

---

① 访谈教师 QN。

专的品质。正是从这个意义上讲，自中华人民共和国成立以来，培养"又红又专，以红为先"的人民教师是共和国教师教育工作一以贯之的核心价值。在革命年代里，教师作为知识分子无不"以红为先"，在革命利益的渲染下，不惜放弃、牺牲个人尊严，无条件地一心为祖国，俯首向工农。在和平年代中，广大教师皆以"又红又专"为目标，在生活与工作中，力图以身作则、以专业引领发展。虽然具体的重心有所转移，形式也在发生变化，但并没有偏离核心价值的主线，只是在不同历史阶段呈现不同的表现。社会主流价值观是人们赖以生存的文化底蕴，是一种可以决定教师思想走向的观念性力量。健康的、自洽的社会核心价值观必然可以引导、孕育出与之相适应的教师价值取向，而极端的、混乱的社会核心价值观若得不到有效匡正，也势必会对教师价值取向产生消极的影响。所以对于教师队伍中一些道德失范、价值观扭曲等问题，必须用应然的教师核心价值来引领。不管对教师的培养与教育工作如何变，秉持、坚守"又红又专，以红为先"的核心价值导引，是任何历史阶段教师价值取向问题都应该参考的标准。

鉴于教师群体性认同缺失、价值多元的现状，国家有必要自上而下形塑一种教师工作与生活赖以依托的核心价值观，把教师价值取向的建构工作纳入到师资培育的重要目标。在这里，我们试图以历史关照当下，把"又红又专，以红为先"的教师价值取向分为三维九面：在社会心态上乐观理智不盲目；在价值追求上踏实肯干有理想；在人格上独立自主重创造。具体如何做到这些还要从专业发展的角度予以讨论，牟宗三在其《圆善论》的序言中提到熊十力先生在劝人为学进德时总是强调不能轻视知识、思辨与感触。"知识不足，则无资以运转；思辨不足，则泛泛而笼统。空谈修养，空说立志，虚馁迂陋，终立不起，亦无所修，亦无所养。纵有颖悟，亦是浮明；纵有性情，亦浸灌不深，枯萎以死。知识与思辨而外，又谓必有感触而后可以为人。感触大者为大人，感触小者为小人。"① 知识、思辨与感触这三点对教师价值取向的健康发展同样具有纲领性的指导作用。知识，是一个教

---

① 牟宗三：《牟宗三先生全集22〈圆善论〉》，台北：联经出版事业股份有限公司2003年版，序言第16页。

师身份维持的基本条件，是其价值取向形成的生长点；思辨，是一名教师成长的内在动力，是其价值取向存续的保证；感触，是一名教师发展的决定因素，是其价值取向升华的关键。

（二）价值冲突与教师价值取向支持系统的培植

教师依托于外在的价值期待与评价来获取成就感与意义感的特点，为我们在逆向上提供了一条形塑教师价值取向的视角。利用这一结论，可以把人际关系支持作为教师与制度之间的张力的缓冲机制，以支持性的人际关系来缓解各种制度带给教师的价值冲突。

教师价值取向的形成、发展与变化，并不是发生在一个封闭的内心世界，它必须以特定的社会环境为背景，在个体的生活实践与社会文化的相互作用中建构生成，并随着各个方面动态发展缓慢变化。教师具有什么样的价值取向，不仅需要一定的价值目标来导引，而且需要在社会实践中获得持续不断的认识与情感积淀，它是使教师的价值取向定性与强化的重要条件。概括来讲，这一条件就是制度与文化支持。所以说，教师职业核心价值观的建构需要制度与文化支撑，舍此就无法把各种分散的力量凝聚起来。社会就像一张千丝万缕的意义之网，由各种规范、制度、伦理……这些或显或隐的文化交织而成。在这张网中，每个人都成为套在网眼秩序之中的人，被拦截、划归到一个位置上，一种模式里，使个体具有了相应的社会身份与地位。每一种身份都会接收到由这张网所提供的规范讯息，对人产生无形的、非正式的约束力，让你形成一种惯习，无意识地去做某一件事情，这样，每个个体就是社会机械上的一个齿轮，大家按照社会规范啮合在一起，维持着社会的正常运转，并在日复一日中形成社会秩序。社会规范是与社会价值观是紧密联系的范畴，它影响着人们的是非、善恶标准，也是人们进行价值判断主要内在依据。人从来都不是天地之间遗世独立的个体，而是嵌入社会网络的一个结点，个体价值观念的改变，需要国家层面的价值导引，更需要社会层面的整体提升。当大的生活环境、社会主流价值观不健康时，我们很难要求、苛责教师要做到经师与人师的完美统一。

因而，要匡正教师价值取向首先要做的是反思整个社会支持系统，这一系统包括三个主要方面：政策制度支持、人际关系支持以及情感行为支持。政策制度支持指影响教师生活的各项标准与规范，从政治定位、经济待遇到文化引领，是一项系统工程，包括社会的方方面面。人际关系支持主要指教师生命中的重要他者，如学生、家长、领导、同事、家人等社会压力团体。情感行为支持则是对教师职业的认识、理解和帮助，从观念、舆论与行动上对教师予以情感上的支持与关怀。特别是最后一点，理解这一群体的汗水与清贫，是关照当下教师价值取向问题的关键。在当下的消费社会中，他们常常沦为消费的对象，自卑感如影随形，在面对朋友、同学以有家人时又愧疚自己"粗糙的生活"，没有时间讨论时尚前沿，没有时间给老公做饭，没有时间陪孩子成长，连做个家务都要晚上回来抽时间进行……他们的生活环境已经如此逼仄，我们的社会有责任为教师职业的内在尊严营造条件，从而增强他们的职业内在利益感。毕竟谁也没有权利去要求某个人或某个群体去承担时代的重负，整体的社会变革曲折而缓慢，最实际的方式就是从我做起，让这个社会多一份友善，人与人之间、阶层与阶层之间、职业与职业之间，都多一份"以责己之心责人，以恕己之心恕人，以爱己之心爱人"的温情。总之，教师价值取向的构建需要社会的全面关照，从制度到风气。在整个社会的价值体系中，一个人生命价值的实现在于其赖以生存的环境对他发展需要的满足程度：生命是否得以存续、生产力是否得到发展、尊严和人格是否得到充分肯定，创造性需要是否得到充分发挥。个体只有感受到了生命的意义和价值才能够为自己、他人和社会而积极存在，确立积极的价值取向。所以说，教师生命价值的实现，需要内外两方面的共同努力，唯其如此，才能保证教师价值取向建构工作的顺利进行。

（三）价值危机与教师价值坚守

对于教师价值危机问题的解决，外部的条件改善是一个重要方面，但也不能忽视教师内在修为的提升，如果教师自己没有化解冲突、应对危机的能力，再好的条件也不会导向积极的观念与行为。我们或许应该反思，为什么在物资匮乏的年代里，教师仍然精神饱满、充满激情？诚然，意识形态的高压是一个方面的原因，但更重要的是，在那个一穷二白的年代，每个教师都有一颗感恩的心，有一种无私无畏的追求。无论什么工作，困难都是必然的。既然选择做一名教师，就要有适当的价值自省与自洽，调整好自己的心态和观念，在困顿中有所坚守，有所捍卫。

王小波曾有一个经典的论述，"'知识分子最怕活在不理智的年代。'所谓不理智的年代，就是伽利略低头认罪，承认地球不转的年代，也是拉瓦锡上断头台的年代；是茨威格服毒自杀的年代，也是老舍跳进太平湖的年代……此种不理智，总是起源于价值观或信仰的领域。"[①] 但即便是在那样一个不理智的年代，不是依然有人在坚守吗？作为教师在面对种种价值危机时，是否能够意识到自己肩上的责任？学生的敌对、家长的刻薄以及社会的责难与教育和教师有着千丝万缕的关系。教师的态度、情感与价值观对学生的直接影响以及社会的间接影响是毋庸置疑的。尽管很多时间我们教师在僵化的制度面前望洋兴叹，但至少，还可以做好自己，常怀理想之心，有着"心向往之"的追求。教师需要自觉地、义无反顾地肩负起培育下一代的责任，尽自己所能去塑造学生价值观，教给学生做人的道理、生活的能力，通过教育来激发社会正能量，在精神层面构筑健全的社会。这是任何一位教师都应做、能做和必须做的分内之事。"君子之为学，以明道也，以救世也。徒以诗文而已，所谓'雕虫篆刻'，亦何益哉！"[②] 作为基层知识分子，要发挥明道救世的社会作用，仅仅靠传授知识是远远不够的，更重要的是能通过培养健全的人来改进社会，这才是为师者的根本使命。这需要教师必须主动明晰自己的价值取向，通过价值自洽、价值自觉形成对国家、对社会以及对职业的归属与认同。

从这个意义上讲，教师首先应该是一个理想主义者，舍此就失去了意义与价值的根基。不管是憧憬理想未来，还是奉行生活底线；无论是信仰神明，还是崇尚科学，人活于世总要有点精神寄托，有所追

---

① 王小波：《沉默的大多数》，北方文艺出版社2006年版，第67—69页。
② （清）顾炎武著，华忱之点校：《顾亭林诗文集》，中华书局1983年版，第98页。

求、有所坚守。毕竟，生活不仅只有面包，总还存在着比面包更重要的东西，比如理想，比如信念，再比如价值观。历史的经验告诉我们，狂热地、盲目地追求可能导致不理智，但无理想或者是无原则、无中心的追求，同样会给社会造成困扰。"文化大革命"时期的狂热的个人崇拜，当下社会的日益突出的技术崇拜问题等，已经有力地证明了这一点。所以说教师的价值追求必须以"理智"为原则。教师对真理的追求，有教化与颠覆双重取向，是传承文明，还是打破常识，取决于具体的场域和情境。价值取向是作为主体的人在与客体打交道的过程中，基于自我所秉持的主导价值观及其支配下的价值立场而表现出来的特定价值倾向。价值取向直接决定了主体的价值选择行为，对于彰显人的主体地位具有重要意义。所以，教师的主体地位不仅在于能够把握客观规律，而且在于能够实现自我的价值选择，在社会实践中兼具成人与达己。

所以，教师需要保持适当的价值自觉，对待自身的价值与职业定位应该有正确的认识和态度，在复杂多维的价值图谱中找到合适的位置。任何一种价值的坚守都要由激情和信念来赋予真正的活力，在一个已经把利己观念提升到普遍规律地位的社会里，激情和信念这些东西看起来可能是陌生的词汇[①]，这更加凸显价值自觉的珍贵。对社会抱有深切的关怀与责任是教师的基本素养，也是教师职业的内在规定，唯其如此，教师才能从内心体验到为师者尊的荣耀。

[①] ［美］亨利·A. 吉鲁：《教师作为知识分子——迈向批判教育学》，朱红文译，教育科学出版社2008年版，第20页。

结束语

经由教师改进社会

　　教师价值培育是一个内外兼修的工程。既需要国家和社会制度层面的外围保障和支持,也需要教师本人对我国当前的社会现实、职业现状有正确的认识并作出主观努力。如果没有社会和教育环境的支持和教育制度的规约,教师的价值培育不过是空中楼阁,它来源于对社会的理智判断,来源于对教师职业的高度认同,更来源于教师在积极创造的社会实践中的自我提升、自我完善和自我实现。积极的教师价值取向能够让教师找到职业对于社会而言的外在价值与对教师本身而言的内在生命价值之间统一的平衡点,找到教师可能从工作中获得外在与内在相统一的生命的尊严和生活的愉悦。

　　纵观教师价值取向与社会主流价值观的变迁、互动,可以发现一条主线:经师与人师的此消彼长。这种知与德的博弈并不难理解,重礼的社会对个体的道德有着较高的要求,自然形塑出以德为先的人师,处处体现道德修养和行为礼仪。对教师的要求是重德还是重才是与教师所处的社会的主流价值密切相关的,当社会心态转向功利,教育成为人们追逐名利的工具时,对教师才能、才华的要求就会超越道德。因为随着知识工具价值的凸显,考试的分数与等级成为社会流动的重要凭证,人们发现仅靠道德很难满足自己对生活的全部要求,所以对教师的要求也必然从道德转向才华,教师丰厚的知识储备是决定学生成才、出人头地的重要文化资本,渊博的知识意味着更好的社会职位与更多的升迁机会。与此同时,教师在现实与理想的冲撞中也变化着自己的价值观念,特别是在一些特殊的阶段,我们可以从历史中感受到他们的痛苦与彷徨,以及这一群体对人师理想始终不离不弃的追求。

正是有了他们的坚守与追逐，才有了教育的进步与社会的发展。总之，教师价值取向与社会变革之间的关系，需要我们辩证地看待：一方面，不能低估了社会变革与更新的复杂程度，要正视目前存在的各种问题与制约因素；另一方面，杯水何妨救车薪，在直面困难的同时，我们也要看到教师价值取向的独特性和能动性，看到由教师、由教育变革社会的希望所在，以点带面、聊胜于无，相信星星之火也可呈燎原之势。

参考文献

一　工具书

［1］国家统计局编：《中国统计年鉴》，中国统计出版社1985年版。
［2］何东昌：《中华人民共和国重要教育文献（1949—1997）》，海南出版社1998年版。
［3］金铁宽：《中华人民共和国教育大事记》，山东教育出版社1995年版。
［4］刘英杰：《中国教育大事典（1949—1990）》，浙江教育出版社1993年版。
［5］中国教育年鉴编辑部编：《中国教育年鉴（1949—1981）》，中国大百科全书出版社1984年版。
［6］中华人民共和国教育部计划财务司编：《中国教育成就统计资料（1949—1983）》，人民教育出版社1984年版。
［7］中央教育科学研究所编：《中华人民共和国教育大事记（1949—1982）》，教育科学出版社1988年版。

二　经典著作

［1］巴金：《随想录（1—5集）》，人民文学出版社2000年版。
［2］邓小平：《邓小平文选》（第二卷），人民出版社1994年版。
［3］邓小平：《邓小平文选》（第三卷），人民出版社1993年版。
［4］林蕴晖：《中华人民共和国史·第四卷》，香港中文大学出版社2008年版。
［5］林蕴晖：《中华人民共和国史·第二卷》，香港中文大学出版社

2009年版。

[6] 毛泽东:《毛泽东选集》,人民出版社1991年版。

[7] 毛泽东:《毛泽东文集》,人民出版社1999年版。

[8] 毛泽东:《毛泽东论教育》,人民教育出版社2008年版。

[9]《马克思恩格斯选集（第1卷)》,人民出版社2012年版。

[10]《马克思恩格斯选集（第3卷)》,人民出版社1995年版。

[11]《马克思恩格斯选集（第4卷)》,人民出版社2012年版。

[12] 卜伟华:《中华人民共和国史·第六卷》,香港中文大学出版社2008年版。

[13] 钱庠理:《中华人民共和国史·第五卷》,香港中文大学出版社2008年版。

[14] 沈志华:《中华人民共和国史·第三卷》,香港中文大学出版社2008年版。

[15] 史云、李丹慧:《中华人民共和国史·第八卷》,香港中文大学出版社2008年版。

[16] 萧冬连:《中华人民共和国史·第十卷》,香港中文大学出版社2008年版。

三 外文译著

[1][奥地利] 阿尔弗莱德·阿德勒:《生活的科学》,苏克等译,生活·读书·新知三联书店1987年版。

[2][德] 斐迪南·滕尼斯:《共同体与社会——纯粹社会学的基本概念》,林荣远译,商务印书馆1999年版。

[3][俄] 别尔嘉耶夫:《论人的使命:悖论伦理学体验》,张百春译,学林出版社2000年版。

[4][俄] 别尔嘉耶夫:《历史的意义》,张雅平译,学林出版社2002年版。

[5][法] E.迪尔凯姆:《社会学方法的准则》,狄玉明译,商务印书馆1995年版。

[6][法] E.迪尔凯姆:《自杀论》,冯韵文译,商务印书馆2001

年版。

[7]［法］让・斯托策尔：《当代欧洲人的价值观念》，陆象淦译，社会科学文献出版社1988年版。

[8]［法］古斯塔夫・勒庞：《乌合之众——大众心理研究》，冯克利译，中央编译出版社2000年版。

[9] 华尔德：《共产党社会的新传统主义》，龚小夏译，牛津大学出版社1996年版。

[10]［美］艾・弗洛姆：《自我的追寻》，孙石译，上海译文出版社2013年版。

[11]［美］埃里希・弗罗姆：《逃避自由》，刘林海译，国际文化出版公司2000年版。

[12]［美］艾里希・弗洛姆：《健全的社会》，孙恺祥译，上海译文出版社2011年版。

[13]［美］埃略特・阿伦森：《社会心理学》，侯玉波译，世界图书出版公司2012年版。

[14]［美］威廉・H. 布兰察德：《革命道德：关于革命者的精神分析》，戴长征译，中央编译出版社2004年版。

[15]［美］丹・克莱门特・劳蒂：《学校教师的社会学研究》，饶从满等译，人民教育出版社2011年版。

[16]［美］E. A. 罗斯：《变化中的中国人》，公茂虹、张皓译，时事出版社1998年版。

[17]［美］埃里克・霍弗：《狂热分子：码头工人哲学家的沉思录》，梁永安译，广西师范大学出版社2008年版。

[18]［美］凯博文：《苦痛和疾病的社会根源：现代中国的抑郁、神经衰弱和病痛》，郭金华译，上海三联书店2008年版。

[19]［美］保罗・康纳顿：《社会如何记忆》，纳日碧力戈译，上海人民出版社2000年版。

[20]［美］肯尼斯・阿罗：《社会选择与个人价值》，陈志武等译，四川人民出版社1987年版。

[21]［美］大卫・理斯曼：《孤独的人群——美国人性格变动之研

究》,刘翔平译,辽宁人民出版社 1988 年版。

[22] [美] 拉尔夫·林顿:《人格的文化背景》,于闽梅、陈学晶译,广西师范大学出版社 2006 年版。

[23] [美] 罗洛·梅:《人的自我寻求》,郭本禹、方红译,中国人民大学出版社 2008 年版。

[24] [美] R. 麦克法夸尔、[美] 费正清:《剑桥中华人民共和国史》,中国社会科学出版社 1992 年版。

[25] [美] 明恩溥:《中国人的气质》,刘飞等译,上海三联书店 2007 年版。

[26] [美] 康纳德·A. 舍恩:《反映的实践者:专业工作者如何在行动中思考》,夏林清译,教育科学出版社 2007 年版。

[27] [美] 塞缪尔·P. 亨廷顿:《变化社会中的政治秩序》,王冠华等译,生活·读书·新知三联书店 1989 年版。

[28] [美] 孙隆基:《中国文化的深层结构》,广西师范大学出版社 2004 年版。

[29] [美] Thomas S. Popkewitz:《心灵追索:学校教育政治学与教师的建构》,钟宜兴译,巨流图书股份有限公司 2010 年版。

[30] [美] 威廉·F. 斯通:《政治心理学》,胡杰译,黑龙江人民出版 1997 年版。

[31] [美] 许烺光:《美国人和中国人:两种生活方式比较》,彭凯平译,华夏出版社 1989 年版。

[32] [美] 许烺光:《祖荫下:中国乡村的亲属、性格与社会流动(修订版)》,王芃等译,南天书局 2000 年版。

[33] [美] 约翰·杜威:《民主主义与教育》,王承绪译,人民教育出版社 1990 年版。

[34] [美] 詹姆斯·R. 汤森、布兰特立·沃马克:《中国政治》,顾速等译,江苏人民出版社 2003 年版。

[35] [日] 千石保:《日本的"新人类":当代日本青年价值观念和行为方式的趋向》,何凤圆译,上海社会科学院出版社 1989 年版。

[36] [苏联] 伊·谢·科恩:《自我论:个人与个人自我意识》,佟景

韩等译,生活·读书·新知三联书店1986年版。

[37] [英] 巴索·伯恩斯坦:《阶级、符码与控制(第三卷):教育传递理论之建构》,王瑞贤译,联经出版事业股份有限公司2007年版。

[38] [英] E. P. 汤普森:《英国工人阶级的形成》,钱承旦等译,译林出版社2001年版。

[39] [英] 安东尼·吉登斯:《现代性与自我认同——现代晚期的自我与社会》,赵旭东等译,生活·读书·新知三联书店1998年版。

[40] [英] 吉姆·麦奎根:《文化研究方法论》,李朝阳译,北京大学出版社2011年版。

[41] [英] 迈克尔·H. 卡尔·波普尔:《历史主义的贫困》,何林等译,社会科学文献出版社1987年版。

[42] [英] 迈克尔·H. 莱斯诺夫:《二十世纪的政治哲学家》,冯克利译,商务印书馆2001年版。

[43] [英] 托顿、[英] 雅各布斯:《性格与人格类型》,王倩译,北京大学医学出版社2007年版。

四 中文著作

[1] 北岛、李陀:《七十年代》,生活·读书·新知三联书店2009年版。

[2] 陈思和等:《理解九十年代》,人民文学出版社1996年版。

[3] 陈章龙等:《价值观研究》,南京师范大学出版社2004年版。

[4] 程晋宽:《"教育革命"的历史考察1966—1976》,福建教育出版社2001年版。

[5] 程天君:《"接班人"的诞生——学校中的政治仪式考察》,南京师范大学出版社2008年版。

[6] 储朝晖:《中国教育六十年纪事与启思:1949—2009》,山西教育出版社2013年版。

[7] 冯骥才:《一百个人的十年》,时代文艺出版社2004年版。

[8] 冯婉桢:《教师专业伦理的边界:以权利为基础》,教育科学出版

社 2012 年版。

[9] 傅佩荣：《自我的意义》，北京理工大学出版社 2011 年版。

[10] 高华：《革命年代》，广东人民出版社 2010 年版。

[11] 高华：《历史学的境界》，广西师范大学出版社 2015 年版。

[12] 郭丁荧：《教师图像——教师社会学研究》，高雄复文图书出版社 2004 年版。

[13] 贺麟：《文化与人生》，商务印书馆 1988 年版。

[14] 胡东芳等：《谁来塑造"人类灵魂的工程师"》，福建教育出版社 2000 年版。

[15] 胡红生：《社会心态论》，中国社会科学出版社 2011 年版。

[16] 黄书光等：《文化差异与价值整合——百年中国基础教育改革进程中的思想激荡》，教育科学出版社 2011 年版。

[17] 黄新原：《五十年代生人成长史》，中国青年出版社 2009 年版。

[18] 黄忠敬：《移植与重建：中国中小学教师教学的话语转换》，山东教育出版社 2007 年版。

[19] 季羡林：《牛棚杂忆》，武汉出版社 2011 年版。

[20] 蒋纯焦：《一个阶层的消失——晚清以降塾师研究》，上海书店出版社 2007 年版。

[21] 姜义华：《"理性缺位"的启蒙》，上海三联书店 2000 年版。

[22] 蒋云根：《政治人的心理世界》，学林出版社 2002 年版。

[23] 金观涛：《观念史研究：中国现代重要政治术语的形成》，法律出版社 2010 年版。

[24] 金盛华：《社会心理学》（第 2 版），高等教育出版社 2010 年版。

[25] 景怀斌等：《人的文化素质与现代化》，人民出版社 1995 年版。

[26] 景天魁：《社会认识的结构和悖论》，中国社会科学出版社 1993 年版。

[27] 兰久富：《社会转型时期的价值观念》，北京师范大学出版社 1999 年版。

[28] 李德顺：《价值论——一种主体性的研究（第 3 版）》，中国人民大学出版社 2013 年版。

[29] 李辉：《残缺的窗栏板：历史中的红卫兵》，海天出版社 1998 年版。

[30] 李连科：《价值哲学引论》，商务印书馆 1999 年版。

[31] 李默、刘肖主编：《100 个基层教师的口述》，天津社会科学出版社 2004 年版。

[32] 李强等：《生命的历程：重大社会事件与中国人的生命轨迹》，浙江人民出版社 1999 年版。

[33] 李清臣：《教师精神文化研究》，高等教育出版社 2010 年版。

[34] 李书磊：《村落中的"国家"——文化变迁中的乡村学校》，浙江人民出版社 1999 年版。

[35] 李亦园等：《中国人的性格》，中国人民大学出版社 2012 年版。

[36] 李泽厚：《实用理性与乐感文化》，生活·读书·新知三联书店 2008 年版。

[37] 梁漱溟：《中国文化要义》，上海人民出版社 2005 年版。

[38] 林逢祺、洪仁进：《教师哲学：哲学中的教师图像》，五南图书出版股份有限公司 2008 年版。

[39] 刘崇顺：《社会转型与心理变迁》，武汉出版社 1997 年版。

[40] 刘少杰：《当代中国意识形态变迁》，中央编译出版社 2012 年版。

[41] 刘云杉：《从启蒙者到专业人——中国现代化历程中教师角色演变》，北京师范大学出版社 2011 年版。

[42] 毛礼锐、沈灌群主编：《中国教育通史（第六卷）》，山东教育出版社 1989 年版。

[43] 陆学艺：《社会结构的变迁》，中国社会科学出版社 1997 年版。

[44] 陆有铨：《躁动的百年——20 世纪的教育历程》，山东教育出版社 1997 年版。

[45] 罗点点：《红色家族档案》，南海出版公司 1999 年版。

[46] 潘维、玛雅：《聚焦当代中国价值观》，生活·读书·新知三联书店 2008 年版。

[47] 樊志辉、王秋：《中国当代伦理变迁》，中国社会科学出版社

2012年版。

[48] 卜玉华:《回溯与展望:中国中小学教师发展的世纪转型》,山东教育出版社2007年版。

[49] 沙莲香等:《社会学家的沉思:中国社会文化心理》,中国社会出版社1998年版。

[50] 沙莲香:《中国民族性(贰):1980年代中国人的"自我认知"》,中国人民大学出版社2012年版。

[51] 沙莲香:《中国民族性(叁):民族性三十年变迁》,中国人民大学出版社2012年版。

[52] 邵燕祥:《一个戴灰帽子的人》,江苏文艺出版社2014年版。

[53] 沈清松:《中国人的价值观:人文学观点》,桂冠图书公司1994年版。

[54] 时蓉华:《现代社会心理学》,华东师范大学出版社1989年版。

[55] 师永刚、刘琼雄:《雷锋》,生活·读书·新知三联书店2006年版。

[56] 石中英:《知识转型与教育改革》,教育科学出版社2001年版。

[57] 司马云杰:《文化价值学》,山东人民出版社1990年版。

[58] 司马云杰:《价值实现论:关于人的文化主体性及其价值实现的研究》,安徽教育出版社2011年版。

[59] 袁贵仁:《价值学引论》,北京师范大学出版社1991年版。

[60] 陶东风:《知识分子与社会转型》,河南大学出版社2003年版。

[61] 陶钝:《一个知识分子的自述》,山东人民出版社1987年版。

[62] 童世骏等:《当代中国人精神生活研究》,经济科学出版社2009年版。

[63] 王汎森:《权力的毛细管作用:清代的思想、学术与心态》,联经出版事业股份有限公司2013年版。

[64] 王玉樑:《价值哲学新探》,陕西人民教育出版社1995年版。

[65] 吴克昌:《社会心理论》,湖南人民出版社1998年版。

[66] 吴毅:《村治变迁中的权威与秩序——20世纪川东双村的表达》,中国社会科学出版社2002年版。

[67] 徐继存：《教学论导论》，甘肃教育出版社2001年版。
[68] 许纪霖：《中国知识分子十论》，复旦大学出版社2003年版。
[69] 许纪霖：《在诗意与残忍之间》，重庆出版社2012年版。
[70] 徐晓：《民间书信》，安徽文艺出版社2000年版。
[71] 杨国枢：《中国人的价值观——社会科学观点》，桂冠图书公司1993年版。
[72] 杨国枢：《中国人的心理与行为：本土化研究人》，中国人民大学出版社2004年版。
[73] 杨善华、王思斌：《社会转型：北京大学青年学者的探索》，社会科学文献出版社2002年版。
[74] 杨中芳、高尚仁：《中国人·中国心》，远流出版事业股份有限公司1991年版。
[75] 殷陆君：《人的现代化——心理·思想·态度·行为》，四川人民出版社1985年版。
[76] 于风政《改造》，河南人民出版社2001年版。
[77] 查建英：《八十年代：访谈录》，生活·读书·新知三联书店2006年版。
[78] 赵汀阳：《论可能生活》（第2版），中国人民大学出版社2009年版。
[79] 赵萱、张小武：《霍懋征传》，中国大百科全书出版社2012年版。
[80] 张东娇：《最后的图腾》，教育科学出版社2005年版。
[81] 张乐天：《告别理想——人民公社制度研究》，上海人民出版社2005年版。
[82] 郑金洲、瞿葆奎：《中国教育学百年》，教育科学出版社2005年版。
[83] 中国经济体制改革研究所社会研究室、中国经济体制改革研究所社会舆论调查室：《改革的社会心理：变迁与选择》，四川人民出版社1988年版。
[84] 庄孔韶：《银翅——中国的地方社会与文化变迁》，生活·读

书·新知三联书店 2000 年版。
[85] 邹谠:《二十世纪中国政治》,牛津大学出版社 1994 年版。

五 学位论文

[1] 范士龙:《教师关怀的生活样态研究》,东北师范大学博士学位论文,2013 年。
[2] 高金峰:《反思与抉择——中国基础教育课程改革价值取向探讨》,华东师范大学博士学位论文,2012 年。
[3] 李家成:《关怀生命——当代中国学校教育价值的新取向》,华东师范大学博士学位论文,2002 年。
[4] 刘万海:《重返德性生活》,华东师范大学博士学位论文,2007 年。
[5] 邵晓枫:《百年来中国师生关系思想史研究》,西南大学博士学位论文,2008 年。
[6] 邵士庆:《社会主义市场经济条件下的集体主义研究》,中共中央党校博士学位论文,2005 年。
[7] 隋子辉:《"无产阶级政治"指导下的北京市中小学教育（1949—1966 年)》,首都师范大学博士学位论文,2012 年。
[8] 王大磊:《共和国中小学教师专业发展的政策研究》,华东师范大学博士学位论文,2011 年。
[9] 王玉秋:《对我国中小学教师生存状态的反思》,华东师范大学博士学位论文,2006 年。
[10] 王献玲:《中国民办教师始末研究》,浙江大学博士学位论文,2005 年。
[11] 辛志勇:《当代中国大学生价值观及其与行为的关系研究》,北京师范大学博士学位论文,2002 年。
[12] 闫世东:《当代中国社会价值虚无现象研究》,河北师范大学博士学位论文,2013 年。
[13] 杨林国:《追寻教师美德——基于斯霞教师美德的研究》,南京师范大学博士学位论文,2006 年。

［14］姚林群：《课堂中的价值观教学》，华中师范大学博士学位论文，2011年。
［15］于兴国：《转型期中国教师教育政策研究》，东北师范大学博士学位论文，2002年。
［16］张红：《新中国基础教育课程政策的价值取向研究》，东北师范大学博士学位论文，2008年。
［17］张瑞兰：《知识分子"身份的塑造"》，复旦大学博士学位论文，2010年。

附录一

教师价值取向问卷

尊敬的老师：

您好！这是有关教师价值取向的调查问卷，请您根据您的经验与理解在适合您的选项上打"√"。您的回答对本项研究有特别的指导意义，请您每项都认真填写。所有资料仅作学术研究之用，请您放心、如实地填写。您的答案没有对错之分，我们只想了解您的想法与观点。谢谢您的合作！

山东师范大学

一、基本情况（请您在相关项目上打"√"或填写相关内容）

1. 性别：A. 男　　　B. 女
2. 教龄：A. 1—5 年　B. 6—10 年　C. 11—15 年　D. 16—20 年　E. 20 年以上
3. 目前的最高学历：A. 研究生及以上　B. 本科　C. 专科及以下
4. 您目前的职称_____政治面貌_____
5. 您目前任教的学科_____所教年级_____
6. 学校所在地：_____省_____市_____区
7. 学校性质：A. 城市（包括县城）　B. 乡镇
8. 学校层次：A. 小学　B. 初中　C. 高中

二、请您选择右面的数字，以表示您对下列各题项的意见，并在适当的位置上打"√"。

		完全不同意	基本不同意	不确定	基本同意	完全同意
1	在经济条件允许的情况下,追求名牌没有对错之分。	1	2	3	4	5
2	从事教师职业后,我发现目前的生活与入职前所想象的差别不大。	1	2	3	4	5
3	当与领导的意见不一致时,我会尽量选择服从。	1	2	3	4	5
4	我经常利用闲暇时间参加公共文化活动。	1	2	3	4	5
5	工作得到学生与家长的认可是我的努力方向。	1	2	3	4	5
6	政治体制改革是国家的事,与普通教师关系不大。	1	2	3	4	5
7	教育改变命运。	1	2	3	4	5
8	对教师而言,道德修养要比专业知识更重要。	1	2	3	4	5
9	随着市场经济的到来,不必再刻意强调节俭。	1	2	3	4	5
10	遇到困难,求人不如求己。	1	2	3	4	5
11	如果可以再次选择职业,我还会选择教师。	1	2	3	4	5
12	当今社会,竞争比合作更为重要。	1	2	3	4	5
13	只要改革对国家整体有好处,暂时降低我们的生活质量也是应该的。	1	2	3	4	5
14	时常为自己是一名教师而感到自豪。	1	2	3	4	5
15	当下教师培训的重心已经由师德建设转向专业能力。	1	2	3	4	5
16	教师专业发展有利于提升教师的社会地位。	1	2	3	4	5
17	身为教师,在社会实践的方方面面都应该以身作则。	1	2	3	4	5
18	教师是一个比上不足,比下有余的职业。	1	2	3	4	5
19	教师的社会地位越来越高了。	1	2	3	4	5
20	教师不应该过于计较个人得失。	1	2	3	4	5
21	工作方式与生活方式是可以分开的。	1	2	3	4	5
22	雷锋精神并没有过时,值得发扬。	1	2	3	4	5
23	社会主义核心价值观是很好,但与我们的实际生活有距离。	1	2	3	4	5
24	教学改革以来,学校教学的整体状况明显改善。	1	2	3	4	5

三、价值排序(请在以下选项中选择出你认为最重要的5个项目,并按重要程度将代码依次写在后面的横线上)

(一)您认为教师应该具备哪些方面的素质?

A. 奉献精神　　B. 爱岗敬业　　C. 社会责任感

D. 思想与人格的自由　　E. 道德高尚　　F. 自我意识

G. 专业能力　　H. 领导管理能力　　I. 人格魅力

J. 安贫乐教　　K. 民族自豪感　　L. 远大的理想

M. 其他方面

您认为最重要的5个项目依次是：①_____　②_____　③_____　④_____　⑤_____

（二）您在决定选择教师这一职业时主要受到哪些因素影响？

A. 工资水平　　B. 福利与保障　　C. 社会地位

D. 自我提升的需要　　E. 职业声望　　F. 工作稳定

G. 环境单纯　　H. 师长的影响或劝说　　I. 假期多

J. 性格适合　　K. 工作轻松　　L. 兴趣爱好

M. 其他条件限制（如专业、分数等）

您认为最重要的5个项目依次是：①_____　②_____　③_____　④_____　⑤_____

（三）就业时，如果同时有多个学校可以选择，您会优先考虑哪几个方面？

A. 地理位置　　B. 学生水平（生源）　　C. 薪资待遇

D. 学校的综合实力　　E. 管理风格　　F. 人际环境

G. 工作压力　　H. 个人的发展空间　　I. 工作条件

J. 晋升机会　　K. 社会评价　　L. 校长的综合素养

M. 其他方面

您认为最重要的5个项目依次是：①_____　②_____　③_____　④_____　⑤_____

请您再检查一次，以免漏填。再次感谢您热情的协助！

附录二

教师价值取向访谈提纲

提纲一

1. 请您简单谈一谈您为什么选择教师这一职业？（情境与需求）

2. 请您回忆一下教过自己的老师，哪位印象最深刻？在哪一方面对自己影响最大？（具体举例）

3. 入职之后与想象中的教师生活有差别吗？（主要在哪些方面）

4. 工作上的情绪与习惯等会给您的生活带来影响吗？（举例说说）

5. 您是否认同"教师专业化"这一说法？

6. 您认为教师和其他的专业人员的主要区别在哪？

7. 您对目前工作哪些方面比较满意？哪些方面不满意？（如待遇、社会地位、声望、工作强度等）

8. 作为亲历者，您认为国家、社会、学校以及家长和学生各个方面对教师最主要的期望是什么？

9. 您觉得当下社会（如学生家长、社会舆论、媒体等）对教师的评价公平吗？（举例说说，或者说在平时，您会为自己的职业而感到自豪吗?）

10. 如果可以重新选择，您是否还会选择当老师？在您心目中其他到理想职业是什么？（吸引您的理由）

11. 您会支持、鼓励自己的朋友或子女选择教师这一职业吗？为什么？

12. 请您简要评价一下自己的职业。

提纲二

在访谈过程中,针对20世纪80年代和90年代初参加工作的老教师,围绕下面几个方面的问题进行补充、追问。

1. 请介绍一下80年代改革开放对您的生活与工作状态的影响?

2. 90年代市场经济确立之后,对我们的日常生活和教育产生了很大的冲击(如一切向钱看,有偿补课等),那您作为教师,能不能具体谈谈您所能感受到的商品经济对自己的生活与工作的影响,比如说生活水平,社会地位,价值追求,社会心态等方面?

3. 我们都知道在1992年邓小平南方谈话之后,受到国家相关政策的鼓励,在教师队伍中存在着停薪留职、下海经商这样一批人,您身边是否有这样的例子,或者说您是否听说过这样的例子,对这些现象有什么看法?(当时是否有离开教育岗位的想法或机会,选择留下来的理由?)

4. 您觉得现在的教师和80年代、90年代的教师最大的不同在什么地方?